国际关系研究丛书

全球化时代的亚洲区域联合

QUANQIUHUA SHIDAI DE YAZHOU QUYU LIANHE

羽场久美子◎著
姜德春◎译

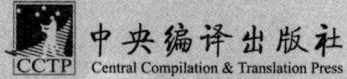
中央编译出版社
Central Compilation & Translation Press

图书在版编目（CIP）数据

全球化时代的亚洲区域联合 /（日）羽场久美子著；姜德春译. — 北京：中央编译出版社，2014.7
ISBN 978-7-5117-2260-7

Ⅰ. ①全… Ⅱ. ①羽…②姜… Ⅲ. ①国际合作－研究－亚洲 Ⅳ. ①D83

中国版本图书馆 CIP 数据核字（2014）第 174223 号

全球化时代的亚洲区域联合

出 版 人：	刘明清
出版统筹：	董　魏
责任编辑：	曲建文
责任印制：	尹　珺
出版发行：	中央编译出版社
地　　址：	北京市西城区车公庄大街乙 5 号鸿儒大厦 B 座（100044）
电　　话：	（010）52612345（总编室）　（010）52612363（编辑室）
	（010）52612316（发行部）　（010）52612315（网络销售）
	（010）52612346（馆配部）　（010）66509618（读者服务部）
传　　真：	（010）66515838
经　　销：	全国新华书店
印　　刷：	三河市天润建兴印务有限公司
开　　本：	880 毫米×1230 毫米　1/32
字　　数：	80 千字
印　　张：	4.75
版　　次：	2014 年 10 月第 1 版第 1 次印刷
定　　价：	38.00 元
网　　址：	www.cctphome.com　邮　箱：cctp@cctphome.com
新浪微博：	@中央编译出版社　微　信：中央编译出版社（ID：cctphome）
淘宝店辅：	中央编译出版社直销店（http://shop108367160.taobao.com）

本社常年法律顾问：北京市吴栾赵阎律师事务所律师　闫军　梁勤
凡有印装质量问题，本社负责调换。电话：010－66509618

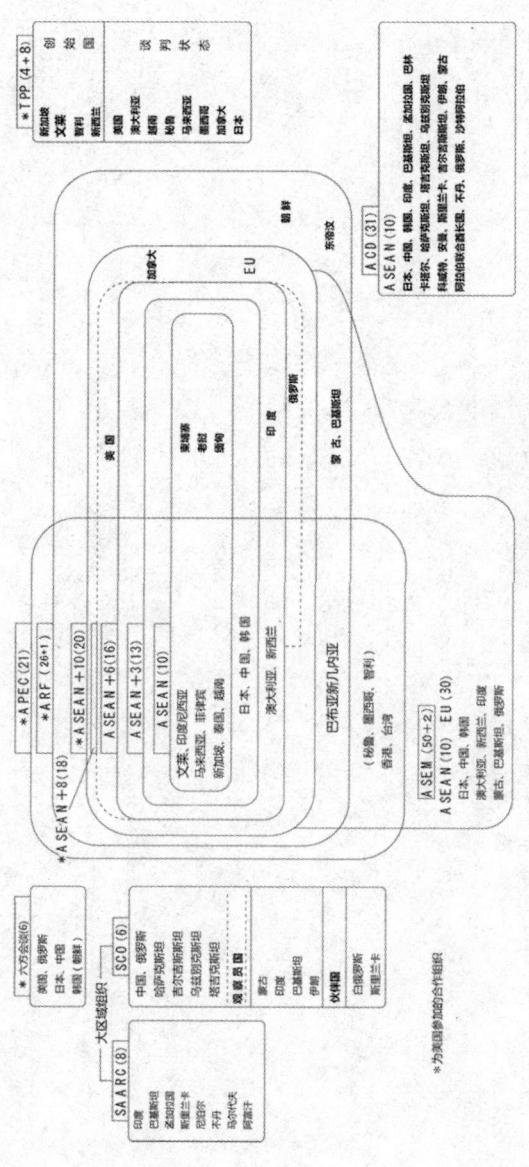

图1 亚洲的各种区域合作组织

致中国读者

亚洲如何走和平之路？有关国家之间如何化对立为和解？如何将敌意化为信任并共同走向繁荣？这是进入21世纪以来的13年间，我一直在思考的课题。

在我着手研究这个课题的时候，欧洲却已于十多年前就开始行动了。二战中死亡的人口超过亚洲两倍以上，曾经充满着仇恨、杀戮和到处是废墟的欧洲，对如何由对立走向合作，由战争走向和平，由荒芜走向繁荣的探索，可以追溯到冷战结束后的上世纪90年代。

为了亚洲的和平、稳定与发展，我期望能通过我的学术研究，推进与支持亚洲一体化的进程。借鉴二战后欧洲走过的从战争到和平、稳定与发展的路程，吸取其教训，是我对推进亚洲一体化问题进行研究的初衷。

为了亚洲的和平、发展与繁荣，我认为，促进与东盟、尤其是日中韩间的相互信任,是最为重要的。

正如本书所述,亦或如大家已经知道的那样,亚洲的经济实力在2013年已处于正在超越美国和欧洲的阶段。但是,在这个重要的关头,日本与中国和韩国围绕钓鱼岛群岛和韩国的独岛的对立却在不断扩大。我们该如何解决这个问题?我想,或许可以说通过就和平、资源与能源共享以及文化上的对话,来克服领土纠纷与民族对立的时机已经到来。

我们跨入21世纪已经13年了,作为世界上第二与第三位的经济大国,中国和日本有责任引领潜伏着各种不安定因素的亚洲走向稳定,进而引领亚洲和世界走向繁荣。同时,为了能够尽到这个责任,中国和日本也务必要将共同的安全政策提上双方的讨论日程。

当包括东盟、印度在内的"成长中的亚洲"在经济上席卷世界的此时此刻,而东亚的日中韩三国却未能摆脱(过时的)"力量转移(power shift)"观念的影响,围绕着领土问题针锋相对,是不明智的,或者说是非常愚蠢的。

从19世纪到20世纪的100多年,率先进入"近代"的欧美给人类带来了睿智。但是,当我们走过"近代"后,迎接我们的21世纪是一个世界上已经布满了知识网络的时代,是一个不仅仅是白种人,而且是具备

致中国读者

了实力的亚洲或非洲的所谓有色人种，亦必将成为世界的领导力量的时代。

如本书所述，亚洲存在着 12 个以上的经济及安全方面的区域组织，这些组织成网状分布，并且相当的活跃。但是，这其中有一半是由美国、另有四分之一是由欧盟（EU）参与其中的。如本书扉页上图 1《亚洲的各种区域合作组织》所示，和其他地区的区域组织不同，亚洲的区域组织是一种区域间（超区域）的合作。而真正属于亚洲自身独有的区域组织，只有东盟、东盟＋中日韩（10＋3）以及南亚区域合作联盟（南盟，SAARC）。

像这种不完全由亚洲主导而又存在于亚洲地区的区域合作关系，我称之其为"面包圈现象"（即空心化现象）。于是，像美国、欧盟等这些亚洲以外的大国对亚洲的影响，产生了极强的离心力。而日中韩在亚洲的领导地位则变得非常微弱。亚洲各国间的合作由于缺乏自身的主导权，政治上变得空心化，进而引发了国家间的对立。

这意味着什么？

经济停滞不前的美国、欧盟，携其在知识创新方面的优势，参与到高速发展的亚洲中来。然而，类似于这种区域间的合作，在世界上各种各样的区域合作组织中，只存在于亚洲。这正说明，与持续发展的亚洲携手，与亚洲合作，对欧美来说，是大有益处的。当世界的目光注视着高速发展的亚洲的时候，如果日中韩因为民族主义情绪而产生对立，那么，美、欧就会坐收渔翁之利。

某种程度上认可、甚至接受这种多种多样的区域间合作，同时克服由于亚洲自身领导能力的不足而产生的内部空心化，也就是"面包圈现象"，应该是亚洲应有的姿态。

为此，有必要构建以日中韩为核心，联合东盟，并且进一步强化与印度及大洋洲各国的合作关系。当然，同时也没有必要将美国及欧盟排除在外。但是，亚洲地区在向美国及欧盟学习的同时，亚洲自身必须拥有领导地位（主导权）。亚洲需要的，不是依靠武力，而是应该依靠经济力量和睿智取得主导权。

亚洲将成为21世纪世界繁荣的中心，而不应成为军事对立的最前沿。要想实现这个目标，日中韩之间的合作与和解是必不可少的。

加强对年轻人的教育，培养青年领袖是非常重要的。为此，在全球化的趋势下，不能对年轻人进行民族主义意识的灌输。只有通过在达成了共识的基础上的、亚洲通行（统一）的教育，通过培养年轻人的亚洲自我认同感，以及世界大同主义观（cosmopolitanism），才能实现培养年轻人的目标。必须要使年轻人在与学者、政治家、媒体等的接触、交往中，锤炼他们崭新的知识型领导能力。

本书所展示的，是亚洲不依靠武力，而是通过经济力量和思想智慧，重组亚洲格局，并以此确立稳定、和平及繁荣的亚洲和世界的方向性。欧洲从战争和废墟中走向稳定、和平及繁荣的启示，值得亚洲借鉴。只有通过确立能源共享（石油、天然气及核能的共同利用）机制，以及亚洲的大国，即日中韩、印度等达成由对立走向和解、冻结现有边界（Status Quo）、知识成果共享的谅解，携手创建亚洲智库、构筑共同研究生院网络。在此基础上建立起来的亚洲各国间的合作关系，才能构筑亚洲的和平。

亚洲如果在知识创新领域能够取得和美欧势均力敌的主导权，那么，就能够使亚洲由争夺霸权的军事对立的场所变成和平、稳定及繁荣的乐园。

如同2011年3月11日在日本东部发生的大地震与海啸所揭示的，我们期待着亚洲各国共同携手，怀着对大自然的敬畏之念，珍重人类与大自然相处的智慧、重视和为贵的理念，进一步发展先人的深邃思想与哲理，创造21世纪亚洲各国共同拥有的思想财富。

全球化时代的**亚洲区域联合** >>>

　　现在，由于领土问题，日本和中国处于尖锐的对立状态。但正是在这种时刻，我更加期望拙作能与众多的中国读者见面。衷心感谢姜德春先生拨冗将此书译成中文。同时，在此书的执笔过程中，承蒙日本亚洲思想库网络（NEAT）的伊藤宪一先生，哈佛大学国际关系研究所、欧洲研究所的各位同仁，以及日本国际东亚共同体学会的诸位学者的鼎力支持，在此一并致谢！

　　如果本书有幸成为亚洲的发展、和平、稳定以及和解的一方基石，那么，我的小小的愿望也就达到了。

羽场久美子
写于索邦大学主旨演讲后
2012 年 12 月

前 言
——发展中的世界性地区一体化·地区间合作

全球化正在侵蚀发达国家自身建立的秩序,削弱发达国家的优势地位。新兴国家以曾经被视为"贫困象征"的"廉价劳动力、廉价商品、众多的人口"作为最大的"竞争力",正在向发达国家发起挑战。

为了赢得这种挑战,分享和平、安定与繁荣,西方发达国家就需要摒弃旧的思维,而积极参与到新秩序中去。这个新秩序,就是亚洲的区域一体化与区域间合作,也是联手世界、促进繁荣之路。

21世纪·力量转移时代的三个根本性变化

在21世纪的前10年,即2001年至2011年,使近代社会产生了巨大变化,覆盖全球。其重要潮流有三个方面。

首先,以"9·11"为开端,历经空袭阿富汗打击塔利班、发动伊拉克战争推翻萨达姆,直至2011年击毙本·拉登,历经十年终于落下帷幕的"反恐战争"。

2001年9月,以纽约－华盛顿遭遇的一系列自杀式恐怖袭击为开端,令冷战结束后相对和平的世界为之一变。但另一方面,这段期间,也是世界上对美国一意孤行的单边主义、一味依靠武力解决纷争行为的不满在不断扩大,并最终导致所谓欧美团结的破产,欧洲就此进入开始摆脱美国的时期。还有,以"9·11"为契机,安全问题由硬对抗(导弹·核武器等)转变为软对抗(隐藏在市民背后的恐怖主义分子)。现如今,世界上各处的机场对所有的市民就像对待恐怖分子那样进行安检。我们进入了一个并不需要核战争,而仅凭一把匕首就可以对(诸如机场等)大国的中枢进行袭击的时代。

其次,爆发于2008年以美国为中心的世界性金融危机。

以雷曼兄弟、通用公司破产为开端的金融·经济危机预示了君临世界的美国经济的不安定性。自此以后,美国经济及美元开始走向缓慢的衰退,成为美国自己开始言及的"衰落的美国(Declining America)"的转换点。与此相对照的则是中国和印度开始了长达十年的高速经济成长。2010年,中国的国内生产总值(GDP)跃居世界第二位,超过了日本,大有与美国并驾齐驱之势。在此形势下,美国曾提出过G2(指美国和中国)的设想,但未被中国接受。2013年6月,美国的奥巴马总统与中国的习近平主席进行了长时间的私人会谈。由发达国家向新兴国家、由硬实力向软实力的力量转移——国际关系上新的力量格局正在开始逐渐形成。

在美国主导下孕育而生的全球化,其自身又削弱了美国的实力。原本是贫穷与落后代名词的"廉价劳动力、廉价商品、众多的人口(市场)",在全球化的格局下,反而开始转化为新兴国家的"竞争力",正在促使世界上现有的权力构造和力量平衡形成转换。在这个世界上主要强国的角色和地位进行交替转换的时刻,让人联想到了类似于此的历史性、结构性的真理与矛盾,二者之间既包容而又将不断换位的历史性转折点。我们正处于这样一个历史性的时刻。

第三,2011年3月11日发生的东日本大地震及福岛核电站事故。

人类对大自然的敬畏是建立在人类至多也就不过只有百年左右短暂的时间内对自然科学认知的基础之上。此次巨大的地震-海啸灾害与核电站泄漏事故说明:与其说人们以温暖化对策为名将讴歌为绿色能源的"核

全球化时代的亚洲区域联合

电"进行了文艺复兴式的大力推广,不如说将人们那种把(难以驾驭的)事故责任一概归咎于以人类的能力难以"预料"的肤浅本质,暴露于光天化日之下。从长远看,人类社会由依赖核电而转向可再生能源的巨大潮流将从对此次核电事故的反省中开始。

另一方面,新兴国家、亚洲(地区)的高速成长,以及像世界上高达2亿人口的流动、为了高收入而不断流入的移民等这种超越国界的人口流动,在发达国家各地未能得到有效控制,从而滋生了(各国的)民族主义和排外情绪,在欧美、日本等人权发达国家进一步诱发了贩卖人口等犯罪活动。

从世界第二经济强国的地位上跌落,甚至有可能被印度等新兴国家赶超的日本,今后到底应该走向何方?眼下,对于日本来说,不是到了应该对围绕如何与自然共生、参与区域合作、实现以以人为本为理念的安定与繁荣等课题,进行筹谋的时候了吗?

亚洲的经济成长、区域主义及区域间合作主义——事关发达国家生存的竞争

2015年,在中国、印度及东盟各国经济增长的带动下,亚洲将成为世界最大的经济圈。而且,将超过分别占世界贸易三成的欧美成为第一大消费市场。从

前　言

2010 年的 GDP 来看，尽管欧盟占第一位，美国占第二位，但是东盟＋3（中日韩）已达到与美国并驾齐驱的 13.84 万亿美元，如果从东盟＋6（中国、日本、韩国、印度、澳大利亚、新西兰）的层次来看，则已达到 16.76 万亿美元，超过了欧盟和美国（见表1）。

日中韩三国 2012 年 GDP（2013 年 6 月公布）之和，已经超过 15 万亿美元，与美国并驾齐驱，而东盟与日中韩（10＋3）的 GDP 总额则已超过了欧盟。不言而喻，今天的亚洲，尤其是建设日中韩共同体，正在成为促进世界经济发展的紧迫课题。

表 1　世界上的各国 GDP（2010 年）

单位：万亿美元

顺序	名称	GDP	顺序	名称	GDP
一	世界	62.91	8	意大利	2.06
一	NSFTA	17.27	9	加拿大	1.57
一	ASEAN＋6	16.76	10	印度	1.54
一	欧盟	16.28	一	ASEAN	1.49
1	美国	14.66	11	俄罗斯	1.47
一	ASEAN＋3	13.84	12	西班牙	1.41
2	中国	5.88	13	澳大利亚	1.24
3	日本	5.46	14	墨西哥	1.04
4	德国	3.32	15	韩国	1.01
5	法国	2.58	24	台湾地区	0.43
6	英国	2.25	51	新西兰	0.14
7	巴西	2.09			

出典：wikipedia

现在是力量转移的时代。从经济层面来说，时代的

全球化时代的亚洲区域联合

力量正在逐渐由欧美向亚洲转移。但是，欧美在军事及软实力（科技创新、信息、IT）等方面总体上依然占有压倒性的优势。

从漫长的历史跨度来看，主宰了19世纪的欧洲以及主宰了20世纪的美国的时代正在发生巨大的变化。21世纪将是美欧亚三极构造的时代。高速成长和繁荣的亚洲时代，正在重新到来。遗憾的是，目前却只有亚洲国家没有联合起来。而且，亚洲在软实力和知识网络化方面则完全落在了后面。而如何构建亚洲的知识网络化已是一个刻不容缓的课题。

将"区域"与"国家"相提并论而大书特书，也可看成是21世纪的特征吧。10年前，曾被称为"新的中世纪"、统一及扩大化的欧洲呈现出一片光明。欧盟在2004年至2007年间，吸纳了中欧、东欧12国，欧盟整体的经济实力已经超过了美国。"美欧主导的近代世界体制的衰退"与"具有深厚历史和文化底蕴的新兴国家地区、亚洲地区的崛起"是21世纪的显著特征。随着全球化的发展，发达国家和新兴国家的角色开始发生转换。

欧洲、美国、亚洲地区的"区域主义"，并不是单纯孤立地发展的。

21世纪的特征是，伴随着区域主义的推进，新的

前 言

跨区域主义（Trance region）也在不知不觉中快速发展。（见图 2）。

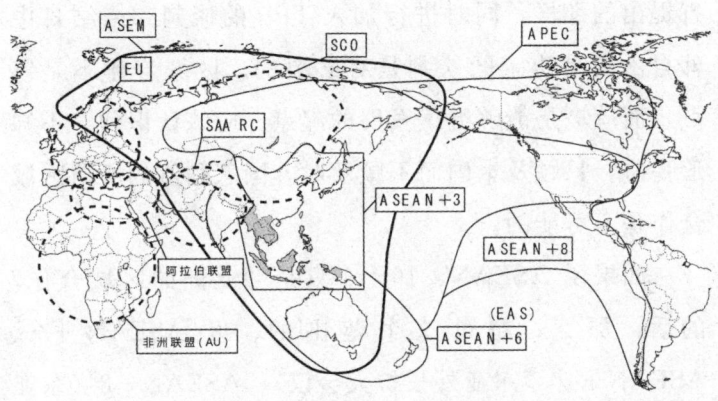

图 2　亚洲·欧洲的区域合作组织

其象征性的尝试，就是跨太平洋战略经济伙伴关系协定（TPP）。由于日本的大地震，TPP 的进程看似曾经有所停顿，但这是一个在不仅包括亚洲，而且包括大洋洲，不仅包括北美，而且包括南美洲的广大区域间的消除关税壁垒的重大行动。如果日本得以加盟，那么日本和美国的 GDP 之和将占 TPP 的九成，所以 TPP 实质上也被看成日美间的自由贸易协定。

是通过加入 TPP 利用零关税来强化产业的竞争力，还是为了保护以大米为首的日本农业而拒绝加入 TPP，日本正处于 21 世纪何去何从的十字路口。

此时此刻重要的是，在维护国家利益的同时加入

7

全球化时代的亚洲区域联合 >>> >

TPP 是否可行。如果不顾日本自身的国家利益而加入 TPP，那就是本末倒置了。正像 2013 年日本经济产业省提出的那样，同时进行加入 TPP 的谈判和缔结日中韩自由贸易协定的谈判是有必要的。区域合作不是终点，而应该是能够继续发展的起点。应该认识到，不知道妥协，只顾及本国而不顾及对方国家利益的所谓区域合作是不可能的。

如果说 ASEAN、10＋3 只是"亚洲的区域合作"的话，那么，超过这个范围的、以 ASEAN＋6、ASEAN＋10（东亚外长扩大会议）、ASEAN＋8（东亚峰会）、APEC（亚太经合组织）等为象征的"超出亚洲的区域间合作"正以多层次的形态在快速发展。

在欧盟与亚洲之间，亚欧会议作为这两个区域间的合作组织也取得了进展。当推进"东亚共同体"的行动迟迟不见进展的时候，美国和欧盟所期望的"亚太"、"亚欧"等区域间的合作，以超过亚洲自身内部推进区域合作的速度而在快速发展。

为什么需要搞区域间合作？因为它是一场关乎发达国家能否继续保持其优势地位的竞争。

"欧美没有理由不与成长、繁荣的亚洲携手共进"。也许更应该说，欧美目前面临的根本性的处境是，当今世界力量格局的变化以及推行全球化所导致的结果，是

"发达国家竞争力的衰退"和新兴国家的经济增长,"新兴国家变不利为有利,反而以贫困(廉价劳动力)为'竞争力'",开始了追赶、超越发达国家的进程。

也就是说,200多年来在世界上处于支配地位的欧美各国,已经认识到"如果不能操控成长中的亚洲并从中获取财富,欧美自身的未来就无从谈起",为了将来不被淘汰,所以现在开始接近亚洲。

换一种看法,当时的殖民地化本身,本来就可以说是欧美依仗其军事和科技优势对富饶的亚洲的寄生。

表 2 按 PPP 计算的 GDP. 2011—2018. IMF

顺序	区域或国家	2011	2012	2013	2014	2015	2016	2017	2018	Estimate as of
	全世界	79,286	83,140	87,210	92,483	98,415	104,888	111,909	119,344	April 2013
1	中国	11,306	12,406	13,623	15,039	16,647	18,443	20,441	22,641	April 2013
2	美国	15,076	15,685	16,238	16,676	17,126	17,589	18,064	18,551	May 2013
3	印度	4,426	4,684	5,032	5,451	5,930	6,469	7,065	7,718	April 2013
4	日本	4,458	4,628	4,779	4,942	5,095	5,264	5,441	5,619	April 2013
5	德国	3,114	3,197	3,270	3,383	3,497	3,617	3,742	3,868	April 2013
6	俄罗斯	2,388	2,513	2,641	2,795	2,957	3,127	3,309	3,501	April 2013
7	巴西	2,294	2,356	2,467	2,617	2,780	2,956	3,145	3,346	April 2013
8	英国	2,291	2,336	2,391	2,476	2,572	2,677	2,791	2,921	April 2013
9	法国	2,214	2,254	2,290	2,356	2,438	2,532	2,635	2,742	April 2013
10	墨西哥	1,662	1,759	1,848	1,949	2,055	2,167	2,287	2,412	April 2013
11	韩国	1,554	1,614	1,687	1,788	1,897	2,014	2,139	2,271	April 2013
12	意大利	1,844	1,833	1,836	1,881	1,943	2,011	2,083	2,153	April 2013
13	印尼	1,125	1,217	1,315	1,427	1,549	1,684	1,832	1,993	April 2013
14	加拿大	1,4361	1,488	1,535	1,603	1,676	1,753	1,832	1,912	April 2013
16	土耳其	1,075	1,123	1,181	1,249	1,330	1,417	1,513	1,616	April 2013
15	西班牙	1,406	1,411	1,411	1,450	1,499	1,553	1,610	1,670	April 2013

顺序	区域或国家	2011	2012	2013	2014	2015	2016	2017	2018	Estimate as of
17	沙特	834	907	962	1,022	1,089	1,160	1,237	1,318	April 2013
18	澳洲	921	971	1,016	1,070	1,125	1,184	1,248	1,316	April 2013
19	台湾地区	877	903	945	1,001	1,066	1,137	1,218	1,306	April 2013
20	伊朗	1,000	999	1,003	1,034	1,076	1,122	1,172	1,225	April 2013

IMF GDP Forecast (2011－2018), PPP adjusted(USD Billions)

按购买力平价（PPP）计算GDP的话，印度在2011年已经超过德国和日本位居世界第3位，而在2012年，中国只差3万亿美元就将超过美国，根据IMF的测算，到2016年中国将超过美国。同属亚洲的中国、印度和日本，按PPP计算的GDP分别占据了世界的第2、3、4位（表2：按PPP计算的GDP.2011－2018.IMF）。

随着区域一体化的成熟，时代正在逐渐转向区域间合作。因而也可以将G2（中、美）、G3（中、美、欧）、G8、G20之间的合作动向，看成是世界秩序重组的一环。出乎日本预料的是，世界各地正在向"亚洲大陆"投以火热的目光，并正由此进入了相互间的生存竞争和"双赢"的时代。

《跨太平洋战略经济伙伴关系协定》（TPP）就是其象征性尝试之一。由于日本遭受了地震·海啸灾害，使这种尝试看上去似乎受到了挫折。但TPP不仅是亚洲，而且包括亚太地区，也不仅仅是北美，而且还包括南美洲，是一个涉及广泛区域的消除关税壁垒的尝试。如果日本得以加盟的话，那么在 TPP 10 个成员国的 GDP 中，日、美就将占据九成，所以，也可以看成是实质上的日美自由贸易协定（FTA）。是否加盟 TPP，将成为预测 21 世纪左右日本发展方向的一个极其重要的分歧点。但是，后面将要讲到，要想加盟 TPP 的话，那么，维护国家主权和国家利益的机制化将是不可或缺的。为此，日本需要实施慎重的而且是全民参加的议论。

无论是文化的、社会的、历史的，还是近年出现的经济方面的，亚洲地区曾经有着非常强有力的"共存"的网络结构。尽管如此，在冷战终结后的世界经济格局上的"美欧亚"三角关系中，长期以来，"只有亚洲"曾经处于非集团化的状态中。

这是为什么？而这会对谁有利、又会令谁吃亏呢？

欧美势力的重组与亚洲集团化的迟滞——欧美的战略

在欧洲，随着冷战的结束，曾经分断欧洲的铁幕消失了，柏林墙倒塌了，统一后的德国成为了牵引欧洲经济的最有力的发动机。而西欧往日的强敌苏联不复存在，取而代之的俄罗斯开始接近德国，接近欧盟，替代政情不稳的中东，成为欧盟的能源供给国。这一切的变化，使得欧盟在 2007 年 GDP 超过美国，成为世界上最大的经济体。欧盟冀望通过建设能源共同体、开放边境、接受移民等一系列措施应对"发达国家的衰退"的历史宿命。

美国的策略亦是如此。经历了"9·11"和2008年金融危机的双重打击，在世界事务中，对军事、政治、经济各个方面一家独大的地位感受到威胁的美国，通过修改移民政策对应人口减少问题，而在经济方面，不仅仅是依赖北美自由贸易协定，而且强化与中国的关系，尤其是通过深入参与亚太地区的区域合作并成为其中的一员，进而热心的推进跨太平洋战略经济伙伴关系协定，藉此掌握市场开放与区域一体化的主导权。

面对这种形势，受"冷战格局依旧"思维的影响，集团化和势力重组等在亚洲却依然迟迟得不到进展。和欧洲一样，在冷战期间，亚洲也是两极分化，面对东方阵营的苏联、中国、朝鲜和越南等，西方阵营的日本、韩国、东盟与美国结盟，与之对抗。

在欧洲，冷战的终结促成了两德统一，加快了欧盟的一体化和扩大化进程。同时，欧盟也开始接近俄罗斯。但是反观亚洲，中国、俄罗斯及朝鲜等国家，尽管程度上有所不同，至今与亚洲其他国家之间，依然存在着冷漠的隔阂。

对立还不仅仅是存在于冷战期间。在东亚，从发生

前　言

甲午战争、日俄战争的19世纪末到20世纪初，依靠国家的现代化转型与富国强兵政策的成功，日本得以"脱亚入欧"，与沦为殖民地的亚洲各国形成对立。

自古以来，从大陆引进文化、宗教及文字的日本，进入近代以后，开始摆脱大陆的影响。而第二次世界大战后，大陆上的国家又分别形成社会主义与资本主义阵营，亚洲的分化与对立进一步加剧。而印度曾经长期遭受英国的殖民统治。南亚的版图在印度独立的过程中及其以后一段时期，也发生了巨大的变化。目前，印度正在取得令人瞩目的经济增长。

由于殖民主义的侵略与意识形态的不同，以及由此带来的亚洲各国间的相互敌视、对立，亚洲从而被迫中断了古代至近代的富饶与繁荣的进程。正如安格斯·麦迪森统计所说明的那样（见图3），如果将古代各国的国力（经济、军事、文化、政治等繁荣指标）按GDP的形式加以排名的话，那么，200年前，在这个排名中出现的，应该是从古代至中世纪繁荣持续时间最长的中国、印度、美索不达米亚的奥斯曼土耳其帝国和欧洲，而根本就不会有美国。21世纪的今天所发生的，或许也只能说历史正在向其曾经的主要潮流回归。

冷战终结后，在全球化的趋势下，亚洲取得了令人瞩目的经济成长。正因为如此，美国、欧盟开始积极地

全球化时代的亚洲区域联合 》》》

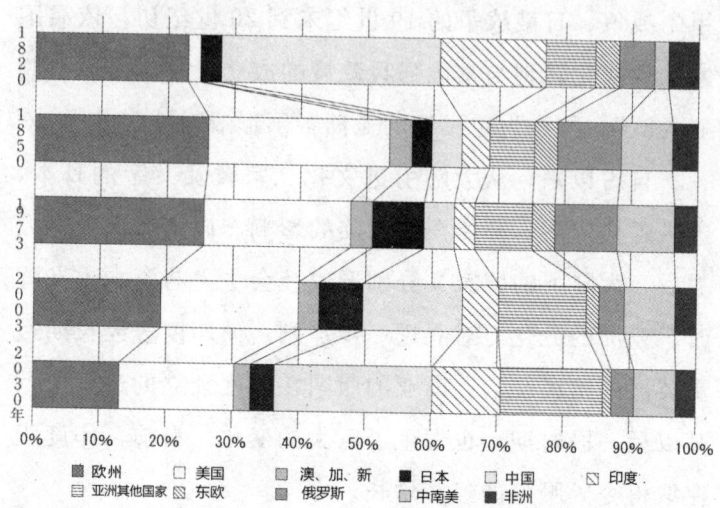

图3 安格斯·麦迪森的GDP统计

在亚洲地区扩大影响力,积极地推行"跨地区主义的"区域间合作,试图置身于亚洲的经济富饶与社会繁荣中来。

而不知为什么,日本依然没有看到当今世界潮流的变化,在错综复杂、多元化的世界格局中,居然认为实行一边倒的"日美同盟"依然可行。而美国自己,则甩开日本,正在将战略合作之手伸向中国、印度、俄罗斯。

亚洲的一体化进程受到阻碍,使得美国、欧盟从中受益,而由于偏执于"日美同盟",最吃亏的则是日本。为了赢得竞争而接近亚洲的美国、欧盟,已经主导、创

前 言

办了多个"国际组织",正在成为亚太的一员。反观日本,与其说时至今日连同作为最重要的近邻日中韩的协作都无法实现,不如说最近的日本更进一步加深了与中韩之间的敌意。

另一方面,由于中国、印度等国储蓄增加、教育普及,促进了庞大的中产阶层正在亚洲形成,用不了多久,这个由中产阶层为主的消费市场就会超过欧美。只要政权不因为政变或动乱被颠覆,只要不像苏联那样因为对"民主化"急于求成而导致国家动荡的话,那么,在全球化大势下继续保持经济高速增长,对这些国家来说就是板上钉钉的(尽管老龄化问题令人有所担心)。

正视冷战终结后以及21世纪初呈现出的令人眼花缭乱的现实,日本应该开始与世界各国共同行动了。话尽管这么说,如果仅仅将此理解为由"脱亚入欧"转向"脱欧入亚"的话,只能说是对问题的本质判断错误。

一方面,是日本要真正地致力于强化同亚洲的区域合作关系,也就是致力于"强化亚洲内部"的问题。另一方面,是要积极地参与日益发展的区域间合作,也就是"强化与外部世界关系"的问题。

现在已经不是要"面向亚洲还是面向美国"的时代了,而是既要面向亚洲,也要面向美国、面向欧盟,更要面向世界。也就是所谓的双赢政策。这并不是在说漂亮话，而是除此之外，日本没有其他途径能够赢得这场竞争。面对发达国家在全球化进程中的衰落与新兴国家的崛起，美国也好，欧盟也罢，为了赢得竞争，正在千方百计地采取对应措施。可是面对这种现实，我们既看不到日本的 21 世纪战略，也看不到日本有什么有效的对应措施，我们看到的是日本依然在墨守成规地维护旧的体制。时代类似于日本江户时代（1603 年—1867 年——译者注）的幕府末期，如果不改革从先人那里传承下来的、曾经为当时的社会发展赢得了安定与繁荣的旧体制，那么，日本目前已经到手的安定与繁荣，也将维持不下去了。

在世界上发生千年一遇的自然灾害和二三百年一遇的大变革的今日，日本应该有所打算了。

何去何从？——构建全方位外交与发展战略

本书将结合亚洲各国令人瞩目的经济增长以及全球化大潮中发达国家（美国、欧洲、日本等）的缓慢衰退等现实，以非常自然的心态，对我们应该选择的道路做些思考。

首先，战略性地推进与成长中的亚洲各国的经济合作。第二，战略性地参与美国、欧洲积极推进的亚太、欧洲的区域间合作，TPP 即是其中一环。第三，组成

前　言

促进亚洲经济发展必不可少的、属于亚洲的各种智库，培养亚洲的青年领袖，以及由此形成的亚洲自身的自我同一性。第四，谋求日、中、韩间及与俄罗斯的和解，即实现"宿敌间的和解"与联合。

正如欧盟在冷战终结后，不仅吸纳了前社会主义阵营的国家，而且与俄罗斯在能源问题上也开始携手合作那样，当今世界，即使中国、印度、俄罗斯也都在开展"全方位外交"。日本现在的目标应该是以"3·11"大地震为契机，从防灾着手开展"全方位外交"。其深层原因，在于全世界都想与之携手的、亚洲的高速增长与繁荣。

而且，日本的"全方位外交"，从政治方面讲，在坚持与美国的"同盟关系"（但这种同盟关系不是附庸关系，而是"平等的"协作关系）的同时，也是可行的。因为美国自身，就在接近亚洲并试图与之联合。美国希望以此来继续维持其老大地位，日本不应该忽视这个现实。

如此一来，看似在被动地接受"全方位外交"，可是日本一旦告别了过去的那种"到底是追随美国还是卖身投靠中国"、"是与中国携手还是与美国诀别"等等毫无成果的争论，将会有意外的发现。

亚洲经济层面的区域一体化，尽管是多层次和松散的，但它以区域间的形式，"已经存在，并正在发挥作用"。而且，美国正在积极参与其中并加以利用，已是事实。日本应接受这个现实并积极参与其中，以实际行动扩大与亚洲的经济关系，倘若如此，那么，日本的富裕和安定就会得到恢复。

尽管日本向美国表达了忠心，而美国自己却在大力强化与亚洲的经济合作。反之，如果日本忽视这股潮流，与目前亚洲的区域一体化趋势再疏远10年以上，那么，日本在亚洲地区的孤立，或许就将无可挽回了。

下面，将就这些课题做些探讨。

笔者在此希望对亚洲的区域一体化持怀疑态度的人士务必也读一读本书。

目 录

第一章 全球化与区域一体化的浪潮 …………… 1
  冷战的终结与全球化浪潮 ………………… 1
  "民主化"的归宿 ……………………………… 3
  冷战的终结与世界范围内区域一体化的趋势 …… 6
  冷战终结后,为什么要搞全球化与区域一体化 …… 11

第二章 亚洲的区域合作
  ——与欧洲的比较 ……………………… 19
  现存的多个区域合作组织 ………………… 19
  欧洲的区域组织 …………………………… 21
  亚洲区域合作的框架 ……………………… 25
  围绕"东亚共同体"的争论 ………………… 28
  大区域合作 ………………………………… 32
  美国参与的亚洲的区域间合作组织 ……… 34

第三章 成长中的亚洲的区域合作战略
——日本的课题 ………………………… 38
"东亚的区域合作"已在发挥作用 ………… 38
从经济一体化走向东亚的区域一体化
——从擅长的领域做起 …………………… 43
成长中的亚洲经济与日本的战略 ………… 45
日美同盟与亚洲区域一体化的关系
——欧共体是如何与美国相处的？ ………… 51
全球化与TPP …………………………… 53
历史问题能够克服——德法、德波、巴尔干的
历史教科书 …………………………… 63
应对世界性金融危机——金融危机时的互助 … 71
对能源问题的思考——走向经济制度化的
途径 …………………………………… 74
稳扎稳打，先易后难 …………………… 78
软实力的重要性 ………………………… 80
智库活跃的重要性 ……………………… 83

结　语 …………………………………… 85

参考文献 ………………………………… 94

（外一篇）危险的"固有领土"论 ………… 102

第一章　全球化与区域一体化的浪潮

冷战的终结与全球化浪潮

爆发于 1973 年的第四次中东战争引发了石油危机,造成油价飞涨。以石油枯竭(据未来预测研究所)、人口爆炸、环境破坏为起因的始于 20 世纪 70 年代的第一次全球化浪潮,在联合国诞生了"飞船地球号"、"地球村"的词汇,"超越国界的命运共同体"的意识得到强化。

20 世纪 80 年代是第二次全球化盛行的时代。在经济层面,跨国企业的扩张遍及世界。对环境破坏发出警告的绿党在欧洲迅速成长。根据绿党的说法,因为经济全球化的进程是以破坏环境为代价的,所以在 70 年代的第一次全球化时期主张实现"超越国界的共同体"的人们，不得不打着"反全球化"的旗号与经济全球化进行了斗争。资源、环境的全球化与经济全球化的矛盾从八十年代就已经开始了。

冷战终结的1989年前后兴起的第三次全球化浪潮，是信息革命与信息网络化的扩大，人员、物品、资金、信息自由流动的开始。以计算机、卫星传输为开端的信息化浪潮超越国境、超越社会主义国家的信息控制，将西方世界的富有及自由传播到东方阵营，使得中央集权式的信息管制社会先后崩溃瓦解。

如此一来，在三次全球化的浪潮中，资源、经济、信息的自由化，开始撼动冷战形成的两极分化体制，进而加剧美、苏两国因偏重军工产业造成的经济紧张，最终引发了1989年多米诺骨牌式的东欧革命，也导致了美、苏首脑于同年12月的马耳他会谈，宣告了冷战的终结。

还有，追求民主化、自由化、经济开放的潮流，激发了多民族地区各民族的分离、独立运动。苏联及南斯拉夫的民族独立、内部分裂倾向日益加剧，南斯拉夫于1991年解体，苏联加盟共和国波罗的海三国及乌克兰相继独立，并最终导致了苏联的崩溃。

第一章　全球化与区域一体化的浪潮

"民主化"的归宿

是否接受"民主化",欧洲的国家和中国各自走了自己的道路。即使是接受了"民主化"的中欧各国与巴尔干及俄罗斯,也都选择了不同的道路。

围绕着"民主化"这个问题,在中、东欧、巴尔干、俄罗斯、中国之间发生的变化,可以说三者三样。

(1)主张"重返欧洲"和实行市场化、自由化、民主化的中、东欧,在经历了长达15年的混乱后,先后于2004年至2007年"成功地"加入了欧盟。

(2)另一方面,在生活着众多民族的巴尔干地区,自相残杀和民族纠纷持续了10年以上才实现了所谓"民主化"。不过,随着前南斯拉夫的解体而诞生的各"民主国家",以及北约先后两次对波斯尼亚、科索沃的大规模空袭后,经过欧盟的斡旋、调解,巴尔干各国(如果不再出现混乱的话)预定将于2020年左右,"优先于土耳其"得以陆续加入欧盟。

(3)苏联与巴尔干一样,在冷战终结与市场化、自由化、"民主化"的混乱当中,各加盟共和国纷纷独立,并导致苏联于1991年12月解体。失去了各加盟共和国的俄罗斯,在叶利钦体制下,经历了"民主化"的迷茫。从 2000 年开始，普京开始掌权，通过确立权威主义体制和能源立国，国家开始复苏。

（4）最后要谈到中国。中国并没有接受"自由化"与"民主化"。同时，在另一方面，中国进行了社会主义市场经济这场前人没有做过的实践，并且取得了成功。通过继续实行一党执政和经济的飞速发展（我们暂且称之其为"政冷经热"），在港、澳实行了"一国两制"，以及通过缔结"两岸经济合作架构协议（ECFA）"，而与台湾在经济层面实现了"一个中国"等，中国的 GDP 超过日本，完成了成为世界第二经济大国的飞跃。目前，在习近平的领导下，中国正致力于消除贫富差距实现社会稳定，并且如果在与周边国家保持良好关系的前提下经济继续得到发展的话（即社会稳定·经济发展·睦邻外交），那么，到 2016 年中国就将超过美国成为世界上最大的经济圈。

中国的策略坚定而鲜明。从冷战的终结和东欧革命、南联盟的分裂和苏联解体中吸取了经验教训的中国，认识到没有经过准备的、不具备条件的"民主化"不仅会使多民族、多重结构的国家体制陷入混乱，而且会使国家面临分崩离析的危险。所以，中国选择了一种以强化国家体制、大力发展经济，从而赢得全球化竞争的长期战略。但是，要想保持经济的持续增长，搞好周

第一章　全球化与区域一体化的浪潮

边外交也是非常重要的。

美国的社会学家迈克尔·曼在其《民主的阴暗之面》一书中，对民主主义在那些经济和国民素质平均化较高的地区（国家）能够取得成功，但在多民族及多重结构的国家则造成对立与混乱，甚至有时会由于对国民中少数派的排除与同化，在多数派和少数派国民中同时产生恐怖主义等现象作了论述，对前南斯拉夫、法西斯主义进行了分析。还有，所有的"民主主义国家"，在其确立国家体制的过程中，都有对少数族群进行同化或杀戮从而达到"民族净化"的历史。没有这种历史的国家，只能说是一种"偶尔的"幸运而已。这让人不禁想起了美国、澳大利亚、西班牙等国在殖民主义时代对少数族群进行同化、杀戮的历史。

历史没有如果。但是，在现实中，每逢历史的转换期，却存在着所有的可供选择的道路。中国如果在当时，也就是在1989年6月的时候选择了所谓的民主化，谁可以保证中国不会像南斯拉夫及苏联那样，或者像2011年的中东那样，不经历分裂、独立运动、混乱、杀戮而将13亿人口组织起来，而将国家体制转变到平均化很高的现代化国家上来？而谁又能保证假如由于实行了"民主化"，只有中国能够与前苏联、东欧和中东国家不同，而顺利实现像美国那样多族群共存的"民主化"呢？

如迈克尔·曼已经论证的那样，即使像美国、西班牙、澳大利亚，在"民主化"初期，也是通过对土著居民的大屠杀才得以建立"平均化"的国家。中国的变革，应由中国政府和人民来决定，而"民主化"不应该是从外部强加于人的产物。中东正在发生的事情已经在警示人们，政情不稳将导致国家的极度混乱。而中国是否能够做到消除国内的不安定因素，维持与周边国家的合作使经济持续发展呢？

我们应该思考的，是日本在国际社会中应持有的立场。

今天，日本该何去何从？

现在，世界上正在发生什么？

冷战的终结与世界范围内区域一体化的趋势

冷战终结后，区域一体化的潮流，始于欧洲，然后是南、北美洲，并向亚洲扩展。在欧洲，伴随着人们从铁幕中得到解放，柏林墙倒塌，冷战的终结，欧洲一体化的"具体化与扩大化"的潮流随之扩大（见图4、图5）。

‹‹‹‹ 第一章 全球化与区域一体化的浪潮

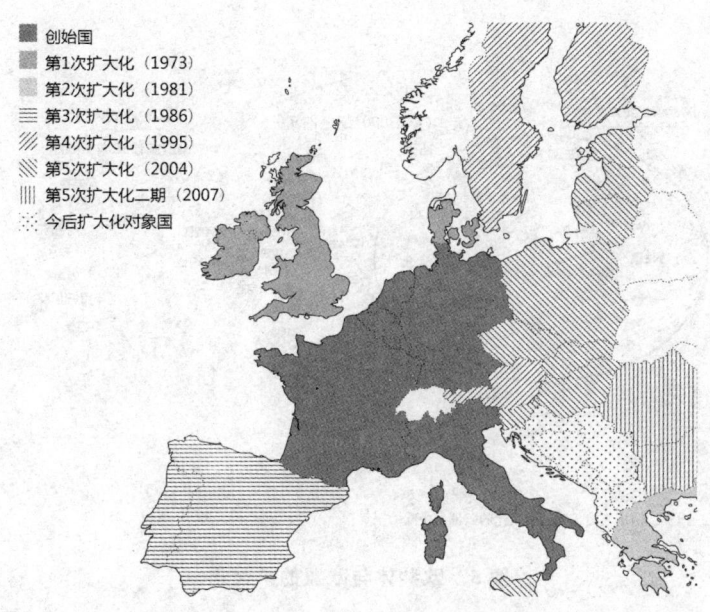

图4 欧盟的区域一体化和扩大化

首先，作为区域一体化的具体措施，马斯特里赫特条约的签订与生效，促进了欧洲共同体（EC）开始向欧洲联盟（EU）的过渡。据此，作为其中的三大支柱，即①欧共体、②共同的外交和安全政策、③内务、司法合作等得以确立。也就是在所谓经济一体化取得进展的基础上，开始实行政治一体化——外交、安全、司法、内务合作。作为推进经济一体化的成果，创立了统一货币，欧元的计划得以遂行。

第二，欧盟对共同体扩大化的具体措施进行讨论，

7

全球化时代的**亚洲区域联合** » » »

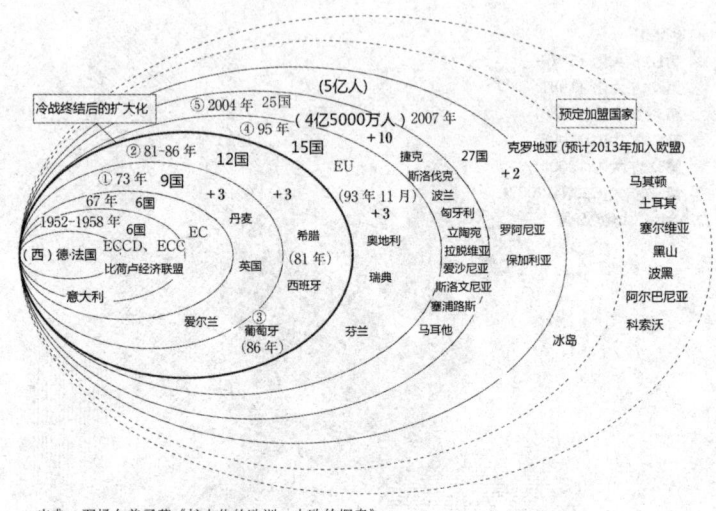

出典：羽场久美子著《扩大化的欧洲　中欧的探索》

图 5　欧共体与欧盟的扩大化

对有意重返欧洲的中、东欧国家，在达到了相应的标准，经过一定的观察阶段后，将被接纳为欧盟成员国。但是，现实则是，欧盟的第二次扩大化被推迟了。直到 20 世纪 90 年代中期，面对亚洲新型工业国、新兴工业化经济体的兴起，为了与之抗衡，振兴欧洲经济，欧盟的扩大化决定才终于得以重新启动、实施。通过对这些事实的分析可以知道，西欧通常所主张的，那种什么"出于对在冷战时期将东欧国家推向了苏联阵营的行为的赎罪意识以及出于道德及道义的考虑，而将冷战后在经济上已成为负担的东欧各国纳入了西方体系"的论

8

第一章　全球化与区域一体化的浪潮

调,根本不是实话。因为,如果真是这样的话,欧盟的扩大化在冷战结束后就应该开始了。

实际上,铁幕消失、柏林墙倒塌后,美、欧一方面出于对俄罗斯的顾虑,另一方面,出于对将长期处于社会主义体制下的、价值观与文化观都已与当今的西欧有着巨大差异的、贫穷、落后的东欧各国吸纳到西方体制中来的担心,所以,直到20世纪90年代中期,欧盟一边表示,将来接纳东欧各国加盟,同时又在观望不前的奥妙正在这里。与其说欧盟是出于道德与道义而接纳东欧各国,不如说20世纪90年代后期以来,欧盟实际上是想将东欧的廉价劳动力、廉价产品和市场,作为抗衡亚洲的NIEs及中国的砝码而加以利用,才果断实行东扩战略的看法更准确吧。

欧洲共同体(EC)的创建,始于1952年的煤钢共同体。1957年签订了罗马条约。当时作为欧洲经济共同体及欧洲原子能共同体(EURATOM),是由以和解的法德为轴心,其核心成员还包括意大利、比利时、荷兰与卢森堡等所组成的。1965年布鲁塞尔条约签订后,上述组织统一为欧洲共同体(European Community EC)。在冷战时期经过三次扩充,成员国增加至12个。冷战后的1995年,吸纳了主张中立的奥地利、瑞典、芬兰3国。2004年,又接纳了东欧8国(捷克、斯洛

全球化时代的亚洲区域联合

伐克、波兰、匈牙利、立陶宛、拉脱维亚、爱沙尼亚、斯洛文尼亚)以及马耳他和塞浦路斯。2007年,经过将成员国扩大至罗马尼亚和保加利亚后,欧盟已经拥有了27个成员国和5亿人口,GDP也超过了美国成为世界第一。2013年克罗地亚加入欧盟,成为第28个成员国,(面向西巴尔干的)欧盟第6次扩大化开始了。

冷战终结后区域合作的潮流已不仅限于欧洲。

再来看看美洲。为了建立区域内的自由贸易市场,以及为了实现废除区域内关税和建立区域内对外共同关税,1994年和1995年,北美自由贸易协定(NAFTA:美国、加拿大、墨西哥三国)和南方共同市场(MER-COSUR:巴西、乌拉圭、巴拉圭、阿根廷四国)宣告成立。

区域一体化的潮流终于波及亚洲。在亚洲,多种区域合作组织先后以令人吃惊的速度建立起来。在21世纪头10年的亚洲,相比欧盟和美国,更多的"经济性"的区域协定、区域联盟在不同层次上得以实现。具体说来,有东南亚国家联盟(东盟,ASEAN)、ASEAN+3、ASEAN+6、ASEAN+10、亚洲太平洋经济合作组织(亚太经合组织,APEC)、东盟地区论坛(ARF)、上海合作组织(上合组织,SCO)、南亚区域合作联盟(南盟,SAARC)、亚欧会议(ASEM)等等。仅我们

‹‹‹第一章　全球化与区域一体化的浪潮

所知道的，已成立的此类区域合作组织就不下 10 个（详见第二章）。

如果再加上诸如像国家间的自由贸易协定（FTA）及经济伙伴协定（EPA），以及多个经济组织和安全组织的话，亚洲的区域合作已经像渔网一样形成了网络化。不知不觉间，亚洲已经超过了欧洲，形成了一种网络般的区域联合。希望读者首先对此能有所认识。

冷战终结后，为什么要搞全球化与区域一体化

在观察亚洲多种多样的区域合作的动向之前，笔者在此想就为什们在冷战终结后，特别是进入 21 世纪以来，区域合作的活动会接连不断地扩大做些思考。尤其是对于与其他国家陆地并不接壤的岛国日本来说，对所谓的区域一体化难以形成具体的印象，再加上近年的金融危机，就更容易让日本人认为区域一体化是不切实际的了。

区域一体化得以取得进展，从大的方面来看，有四种要素。

第一，全球化推动了人才、商品、服务、信息"超越国境"的转移；

第二，超越国家的经济领域得以形成，同时伴随着跨国企业的扩张，开始了世界性的"竞争"；

全球化时代的亚洲区域联合

第三,意识到难以赢得这种竞争的欧洲,通过对一体化的推进及成员国的扩大,形成了超越国家规模的经济体,从而在确保其竞争力的目标方面,取得了巨大的成功与成果;

第四,在上述三项要素的背后,是亚洲经济力量的增强,和世界其他地区与之抗衡的动向。

在此,显示出了两个特点。托马斯·霍布斯(Thomas Hobbes)的超越现代国家的利维坦(Leviathan),国家主权正在逐步让位于其上方的区域(国际组织)和下方的区域(地方政府)。因此,不如说原有的那种(存在于人类社会中的)世界和国家的两极结构,在全球化的潮流下变得日益复杂,亦即主权正在朝着全球化、广义的区域(区域共同体)、国家、狭义的区域(地方政府)、狭义的共同体(家庭)和个人等多层次的方向发展。

说起来,欧洲一体化的推进和扩大,是在欧洲悲观论盛行的1990年代。欧洲为了与日益强大的亚洲相抗衡,为了超过美国,制定了10年内成为世界上最大的经济圈的目标,并付诸行动(2000年,Agenda2000)。其结果是并没有花费10年的时光,而是提前了3年,于2007年实现了超过美国的、世界最大的经济圈。

请看一下能够说明这个过程的统计。图6的3个圆

第一章 全球化与区域一体化的浪潮

柱体,代表了亚洲、欧洲、北美等区域分别在全球GDP或者贸易额中的比重。

从中可以看出,冷战后世界上的势力分布,从冷战时期以美、苏军事实力为代表的两极体制,按世界上的GDP或者贸易比重,正在向着3个圆柱体的、经济上的三极体制转移。而且,即使是在1990年代,已经在三极中占有一极的亚洲,无论是在世界贸易中,还是GDP,都是三极中唯一保持着增长的一方。

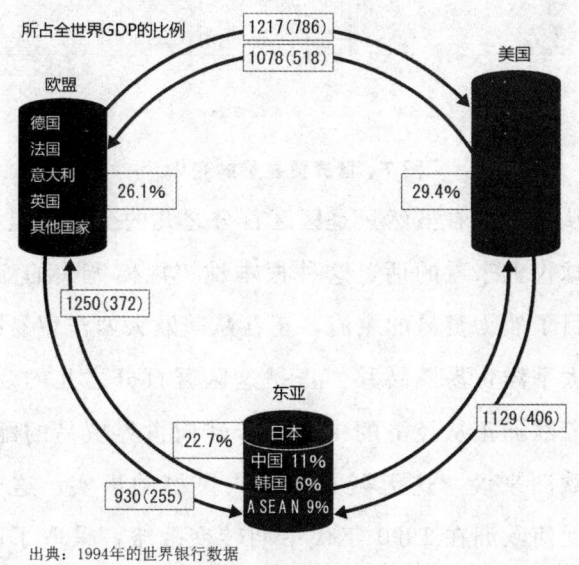

出典:1994年的世界银行数据

图6 世界的三极构造

图7是1990年和1994年世界贸易的变化表。到冷

战结束的 1990 年，美欧的贸易量占了世界上的大约 80％。冷战结束后的四年间，虽然仅仅是百分之几，贸易中心开始由欧洲转向了美国和亚洲。

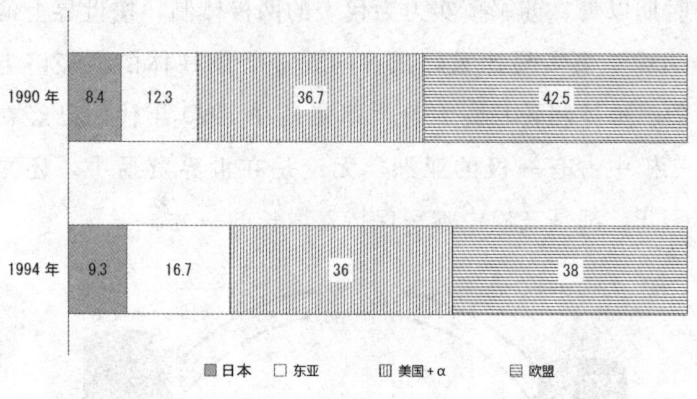

图 7 世界贸易量的变化

从图表上看虽然只是区区百分之几的变化，但如果从地球仪上来看的话，这种根本性、规模庞大的变化，却一目了然。贸易的主流，正在从美欧大西洋贸易圈向亚洲太平洋贸易圈转移。正是这区区百分之几的变化，暗示着欧洲正从经济的中心逐步转向世界贸易的配角，对于欧洲来说，这无疑是个令人震撼的事实。这个事实，促使欧洲在 1990 年代中期转变战略，采取了吸纳中、东欧、重返世界贸易中心地位，并于 21 世纪超过美国的战略。

在此过程中，欧洲克服了 1990 年代的"欧洲悲观

第一章 全球化与区域一体化的浪潮

论",大幅度转换方向,采取区域一体化的扩大化政策,于2000年提出在10年内成为世界上最大的经济圈的目标。欧洲一体化和扩大化的结果,正如2007年的世界GDP统计表所示(见表3、图7)。

表3 世界上主要国家和地区的GDP (2007/2008)

单位:10亿美元

1) 各国GDP			2) 人均GDP (2007)			3) 按购买力平价(PPP)计算		
顺序	国名	各国GDP	顺序	国名	各国GDP	顺序	国名	各国GDP
—	世界	54347	—	世界	8219	—	世界	65167
—	欧盟	16765	—	欧盟	33911	—	欧盟	14571
1	美国	13811	1	卢森堡	99879	1	美国	13811
2	日本	4377	2	挪威	81111	2	中国	7055
3	德国	3297	3	冰岛	62733	3	日本	4284
4	中国	3280	4	爱尔兰	58399	4	印度	3092
5	英国	2728	5	圣马力诺	58276	5	德国	2752
6	法国	2562	6	丹麦	56427	6	俄罗斯	2088
7	意大利	2107	7	瑞士	55672	7	英国	2082
8	西班牙	1429	8	卡塔尔	50793	8	法国	2053
9	加拿大	1326	9	瑞典	48584	9	巴西	1834
10	巴西	1314	10	芬兰	46515	10	意大利	1780
11	俄罗斯	1291	22	新加坡	35160	11	西班牙	1372
12	印度	1171	23	日本	34254	12	墨西哥	1346
13	韩国	970	24	希腊	32166	13	韩国	1199

出典:世界银行GDP统计(2007)

此表是世界银行对2007年至2008年GDP的统计，分为①世界各国的GDP排名、②世界各国人均GDP、③按购买力平价（PPP）计算的GDP三部分。据说其中③按购买力平价的GDP可以匹敌5年后、10年后世界的GDP。实际上，按购买力平价计算，2007年中国已经是日本的两倍，而印度则已超过德国而逼近日本。

在1990年代，多数成员国财政赤字缠身、经济增长乏力的欧盟，通过一体化和扩盟，在表3所列的三项统计中已全面超过美国重返世界第一。其中最显著的是第二项，即人均GDP，从第1位到第18位几乎都是欧盟或欧洲国家。除此之外，能够跻身其中的，只有依靠石油资源的卡塔尔，及位居第12位的美国和第17位的加拿大三国而已。

明显的例子是日本。与欧洲形成对照的是，2000年时还位居世界第3位的人均GDP，像坐过山车似的，到了2006年则降至第18位（据日本内阁府资料），2007～2008年更是被新加坡超过，跌落到与后来遭受金融危机的希腊为伍的第23位（据世界银行资料）。2008年8月，时为日本自民党总裁的福田首相，将此总结为"小泉改革的失败"，并说"挽回这种落后局面需要二十年"，表示"要在二十年内使日本的人均GDP重返前十名"（2012年，日本的人均GDP已恢复到第13位，见图8）。

第一章 全球化与区域一体化的浪潮

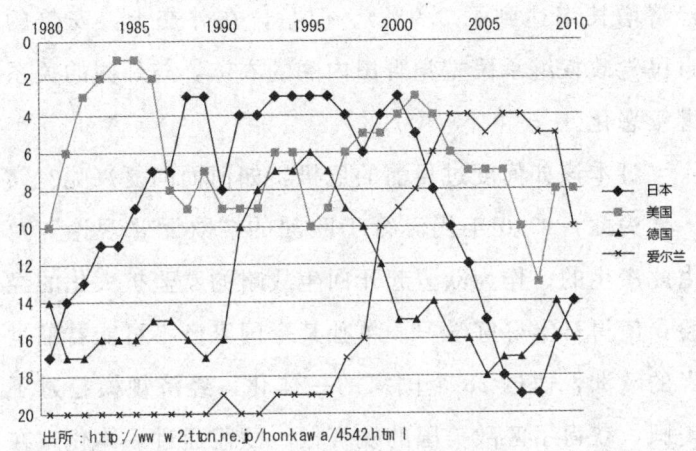

图 8 人均 GDP 排名的变化

可福田的话音刚落,当年 9 月,爆发了世界性的经济危机,日本经济同美国一道蒙受了重大损失。2010 年,日本的 GDP 总额又被中国超过。再加上 2011 年 3 月 11 日的大震灾、海啸和核电事故,日本经济遭受了沉重的打击。同时,创纪录的日元升值,又使日本的对外贸易举步维艰。在此一系列不利因素的环境中,野田内阁作出了加入 TPP 意向的决断。

使这种状况得以转换的,是日本的自民党先后赢得了众参两院的选举和所谓的"安倍经济学"。安倍首相撤换了日本银行(中央银行)的白川总裁,将大量的日元投放到市场,人为地诱导日元贬值,促进了出口,降低了失业率,使日本的景气有了起色(2013 年 7 月的经济增长率达到了 3.9%）。但是，在外交上，安倍的自民党政权继承民主党野田内阁的衣钵，与邻国的关系继续恶化。

日本该如何度过目前的危机，如何面向复兴呢？

为此，1990 年代流行于欧洲的"欧元悲观论"及由此产生的、作为欧盟起死回生战略的欧盟扩大化的经验，值得日本好好学习。单独某个国家已不可能君临世界的欧洲，通过 28 个国家的一体化，经济规模超过了美国，获得了匹敌美国的发言权。欧盟通过一体化，在国际事务中获得了远远超过了一体化与扩大化之前的发言权和影响力。

现在正是日本一边不断地向欧美学习的同时，一边推进与亚洲国家合作的时候。

下面就以美欧及全世界都在关注的亚洲经济的快速增长及亚洲的区域一体化的现状，对比欧洲区域一体化走过的路程，作些探讨。

≪≪≪ 第二章 亚洲的区域合作

第二章 亚洲的区域合作
——与欧洲的比较

现存的多个区域合作组织

世界上最后开展区域合作的恐怕就是亚洲了。

但是,在亚洲实际上已经有了十个以上的、经济性区域合作组织,甚至是包含了安全问题的合作组织和区域间的合作组织,以各种各样的、不同层次的形式在发挥着作用。即使是和欧盟相比,这些合作组织也是一个具有相当的多样性、灵活性及多层次合作的网络。

按美国经济学家巴拉萨的学说,区域合作可以分为五个阶段。

这就是①签署自由贸易协定;②实现关税同盟;③创建共同市场;④形成经济同盟;⑤实现完全的经济一

体化。根据这个学说，欧洲目前已经进入了最终阶段，而亚洲还只是在初期阶段。另外，由于亚洲的机制化和法制化建设滞后，所以曾经有人认为，像欧洲那样具备严格的制度和法律框架的区域一体化，在亚洲几乎是不可能实现的。

但是，在21世纪的头十年，全球化通过打破民族国家的观念取得了进展。2008年的金融危机，使得美国的经济和金融力量开始大幅衰退。另一方面，赶超日本的中国、巴西、印度在崛起，以欧洲为首的区域一体化在向前推进，进而在亚洲，以东盟为中心的经济一体化、上合组织、南亚区域合作联盟等大区域（Mega-region）以及区域间的合作正在取得进展。从1960年代开始，世界发生了巨大的变化。在此过程中，1961年发表的巴拉萨的"经济一体化的理论"，是否依然能够在切实的适用性上保持支配地位呢？

近年来，在美国的研究国际关系理论的学者当中，出现了"如果理论不与变化的现实交锋，那么理论将会背离现实。在21世纪怒涛般的变革中，理论家首先需要向现实学习"的声音。

冷战结束和苏联解体已经二十多年了，像G2、G3、G8、G20等等，国际上正在为与新兴国家之间形成新的秩序进行摸索。于此并行的是，在欧洲、美国、

第二章 亚洲的区域合作

亚洲、非洲各地的区域一体化、扩大化、重组，以及区域间的交往，正在向前推进。在此种状况下，区域一体化的现状，超越巴拉萨的理论正在逐步进展，亚洲区域一体化的进程落在了后面的说法已经站不住脚了。

现在是一个发展经济和重视软实力的时代。尽管还不具备带有约束性的制度，但恐怕也不能说亚洲不存在区域一体化的动向。

结合欧盟的一体化和扩大化进程来看东亚时，重要的是，要看到以下这些事实。在亚洲地区，经济上的区域合作、区域一体化动向，或者是松散的、包括安全问题的区域合作机制等，不仅存在，而且也与欧美进行了合作，并且已经在发挥它的功能。

当今世界，在地球上已经难以找到没有被区域合作活动涉及的地区，区域合作的影响，已遍及世界各个角落。

首先，作为比较的对象，先概括地观察一下欧洲的区域一体化进程，然后就亚洲的区域合作、区域一体化分布图，分别进行探讨。

欧洲的区域组织

图 9 所示的是欧洲区域一体化的主要框架（根据日本外务省资料绘制）。

全球化时代的亚洲区域联合 »» »

```
┌─────────────────────────────────────────────────────────────────┐
│  墨西哥      日本                                                 │
│  梵蒂冈  ┌─────────────────────────────────────────────────┐    │
│         │ EEA(30)    列支敦士登              EFTA(4)        │    │
│  美国   │            挪威                                   │    │
│  加拿大 │            冰岛                    瑞士           │    │
│         │  ┌──────────────────────────┐                    │    │
│         │  │ 斯洛文尼亚    EU(27)      │ ┌──────────────┐ │    │
│         │  │ 法国                      │ │俄罗斯 白俄罗斯│ │    │
│         │  │ 德国         爱沙尼亚     │ │爱美尼亚       │ │    │
│  土耳其 │  │ 比利时       立陶宛       │ │       哈萨克斯坦│CSTO(7)│
│         │  │ 荷兰         拉脱维亚     │ │       吉尔吉斯斯坦│  │
│         │  │ 卢森堡       斯洛伐克     │ │       塔吉克斯坦│  │
│         │  │ 意大利       英国         │ │       乌兹别克斯坦│  │
│         │  │ 希腊         捷克         │ └──────────────┘ │    │
│         │  │ 西班牙       匈牙利       │   格鲁吉亚  摩尔多瓦│  │
│         │  │ 葡萄牙       波兰         │   乌克兰   土库曼斯坦│ │
│  NATO   │  │ 保加利亚     丹麦         │   阿塞拜疆        │    │
│  (28)   │  │ 罗马尼亚                  │              CIS(12)│  │
│         │  │ 爱尔兰       瑞典         │                    │    │
│         │  │ 奥地利☆                  │   克罗地亚        │    │
│         │  │ 芬兰☆                    │   阿尔巴尼亚 黑山 │    │
│         │  │ 马耳他☆                  │   塞尔维亚  马其顿│    │
│         │  │ 塞浦路斯☆                │   波斯尼亚和黑塞哥维那(波黑) 科索沃│
│  OSCE   │  └──────────────────────────┘                    │    │
│  (56)   │    圣马力诺  安道尔  摩纳哥                       │    │
│         └─────────────────────────────────────────────────┘    │
│                                          ☆ 欧盟成员国 ( )内为成员国数│
└─────────────────────────────────────────────────────────────────┘
```

图9 欧洲的主要框架

包括俄罗斯、独联体（CIS）在内，如表4所示，全欧洲共有11个国际组织。

欧洲的核心是欧盟和北约（NATO）。

欧盟成立于二战后。西欧六国根据1957年签订的罗马条约，组成欧洲共同体，这是欧盟的前身。其后经过五次扩盟，在冷战结束后的二十年里，成员国发展到27个，这就是我们今天看到的欧盟。里斯本条约签订后，欧盟进一步实现了集权式的联合。

据此，欧盟超过美国，成为世界上最大的经济圈的目标得以实现。2013年克罗地亚的加入，使欧盟的成员国扩大至28个。

第二章 亚洲的区域合作

欧盟一体化的好处在于经济一体化。即使是罗马条约签订后，走过了半个世纪路程的欧盟，其推进政治一体化的进程也不是件容易的事。正是因为不能证明凌驾于各国国家利益之上的政治一体化的好处，所以助长了21世纪各国的民族主义倾向。

北约是以与欧盟紧密合作的方式而存在的。美国、加拿大、挪威以及在冷战时期对苏军事同盟中不可或缺的土耳其亦加入其中，冷战终结后，又拉拢了中、东欧国家，现在已有28个成员国。

北约是个以欧洲的区域合作为基础，加上北美等欧洲以外的国家的、跨欧洲－大西洋的安全保障机构。

以此为象征，经济一体化和安全问题上的区域间一体化，在欧洲同时存在。欧洲的中立国家（爱尔兰、奥地利、芬兰、瑞典）没有加入北约，而作为北约主要成员国的美国、加拿大、挪威和土耳其亦没有加入欧盟。

另一方面，在欧盟和北约的东方，存在着由前苏联的成员国构成的区域合作组织。即以俄罗斯为中心，由苏联的成员国组成的独联体集体安全条约组织（CSTO）和独立国家联合体（CIS）。作为俄罗斯，尽管在像CIS这种经济、政治联合体的内层还有CSTO，但这也说明即使在CIS内部，也存在着在安全问题上与俄罗

全球化时代的亚洲区域联合 »» »

斯不一致的国家，如格鲁吉亚及乌克兰等国。即使是在冷战时期，曾经作为两极体制基础的、坚固的集体安全组织内部，其步调也有可能不一致，这个事实，值得回味。

作为在更加广泛的安全问题上联系着西方的北约和东方的独立国家联合体的一环，有和平伙伴关系计划（PfP）、欧洲－大西洋伙伴关系委员会（EAPC）以及北约成员国行动计划（MAP）等机构（表4）。

EAPC是一个涵盖了前东、西方阵营双方的、不同体制的区域间安全机构。

在其外围，有包含了欧洲几乎所有重要地区的、作为欧洲单独机构的欧洲议会。欧洲议会成员国既包括了没有加入欧盟的西欧小国圣马力诺和摩纳哥等，也包含了东欧的所谓独联体各国。

最后是涵盖整个欧洲的外围组织、也可被称为欧洲的联合国的欧洲安全与合作理事会（欧安会，CSCE，1995年改组为OSCE），其中几乎包括了欧洲的所有国家。

欧洲的（各种）组织既合体又简练。

表4 欧洲的区域组织（截止2011年11月）

①	EU（欧洲联盟）	27国
②	NATO（北大西洋公约组织）	28国

第二章 亚洲的区域合作

③	EFTA（欧洲自由贸易联盟）	4国
④	EEA（欧洲经济区）	30国
⑤	CIS（独立国家联合体）	8国
⑥	CSTO（集体安全条约组织）	7国
⑦	PfP（和平伙伴计划）	20国
⑧	MAP（北约成员国行动计划）	3国
⑨	Council of Europe（欧洲委员会）	46国*
⑩	EAPC（欧洲—大西洋伙伴关系委员会）	50国
⑪	OSCE（欧洲安全与合作理事会 欧安会）	56国

*包括未加入欧盟的欧洲小国圣马力诺、摩纳哥，以及俄罗斯、乌克兰、格鲁吉亚、摩尔多瓦、爱美尼亚、阿塞拜疆。

出典：日本外务省

亚洲区域合作的框架

本书扉页图1所展示的，是被称为"落在了后面的"亚洲区域合作的现状。

亚洲实际上存在着远比欧洲复杂得多的区域一体化、区域合作的框架，并发挥着作用。在拥有超过欧洲六倍、占世界半数的30亿人口的亚洲，正展现着一个远远大于欧洲的、广泛的、超出东亚范围、涵盖整个亚洲的、不同层次的、多重的框架。而这些框架几乎都是进入21世纪后才创建的。

在亚洲既存在着只由亚洲国家组成的区域一体化组织，也有扩大的包括大洋洲各国及印度的区域合作组织,还有包括亚太和欧盟、亚洲与欧盟等多方面的区域间的组织机构(如表5)。在这些多种多样的合作组织中,仅仅限于亚洲国家参加的区域合作组织实际上只有三个,即东盟、10+3以及南亚区域合作联盟。我将其命名为"面包圈"现象。而另一方面,超出亚洲范围的区域间的合作,其影响远远超过亚洲国家间的那些组织。在这种状况下,在亚洲,拥有超过20亿以及28亿人口的超级区域以及区域间合作的影响力,正在不断扩大。

表5 亚洲的区域合作

1)	亚洲的区域合作组织。
①	东南亚国家联盟:(东盟、ASEAN 1967年成立)10个成员国。
②	ASEAN+3:东盟10国与日中韩3国(1997年设立)13个成员国。
③	南亚区域合作联盟(SAARC):(1985年设立)8个成员国。
	※亚洲国家参加的区域合作组织实际上只有以上三个。
2)	扩大化的亚洲区域组织(含大洋洲)。
④	ASEAN+6(CEPEA):ASEAN+3再加上澳大利亚、新西兰、印度(2006年提议设立)共16国参加。
⑤	亚洲合作对话(ACD):(2002年)31国(包括俄罗斯)参加。
3)	大区域合作组织。
⑥	上海合作组织(SCO):另类的军事同盟(2001年成立)6个成员国(含俄罗斯)。
4)	区域"间"合作组织。
4-A	亚洲太平洋区域"间"合作——有美国参加的⑦-⑫。

第二章 亚洲的区域合作

⑦	ASEAN＋8：ASEAN＋6再加上美国、俄罗斯（2010年美国提出倡议）共18国。
⑧	ASEAN＋10：东盟外长扩大会议（1976年），20国参加。
⑨	亚太经济合作组织（APEC）：（1989年成立）21个成员国。奉行"开放的区域主义"，也注重区域合作体之间的联系。
⑩	ASEAN＋16：东盟地区论坛（ARF 1994年）26个国家和国际组织参加。多层次地扩大。
⑪	六方会谈："不同体制国家间"的协商机构（2003年），6国参加。
⑫	跨太平洋战略经济伙伴关系协定（TPP）：（2005年4个发起国）※TPP被认为是建立亚太自由贸易区（FTAAP）的基本框架。4个发起国加上正在进行加盟谈判的7国（含日本与加拿大），这11个国家将中国排除在外，所以也可以将TPP解读为第二个马歇尔计划（1947年）。11国中，美日的GDP之和占到了91％。
4－B	亚洲・欧洲区域"间"的合作。
⑬	亚欧会议（ASEM）：（1996年设立）50个成员国、2个国际组织，最大的亚欧区域合作组织。2008年在北京举行首脑会议，2009年在河内召开外长会议。美国和加拿大没有参与亚欧会议。
5）	其他的亚洲经济组织。
⑭	亚洲货币基金组织（AMF）：国际货币基金组织的亚洲版，1997年金融危机时由日本提倡，并逐渐为亚洲各国所接受，其作用主要是稳定汇率。
⑮	清迈倡议（CMI）：东盟国家之间外汇融通的框架组织。1999年的10＋3会议上提出构想，2000年5月签署了建立区域性货币互换网络的协议。
⑯	亚洲开发银行（ADB）：为促进亚太地区的经济增长、经济合作及支援不发达国家的经济发展而设立的国际开发金融机构。共有67个会员国。
⑰	经济合作协定（EPA）：是指两个或两个以上的经济体缔结的包括贸易自由化、保护投资及知识产权、人员流动、政府采购等在内的综合协定。日本目前与11个经济体缔结了EPA协定。

⑱	大湄公河次区域经济合作机制（Greater Mekong Subregion Economic Cooperation Program，简称 GMS）：1992 年，在亚洲开发银行推动下，澜沧江—湄公河流域内的中国、缅甸、老挝、泰国、柬埔寨、越南六个国家共同发起。
6）	区域治安与安全组织。
⑲	东盟刑警组织（ASEAN Pol）：以欧洲刑警组织为蓝本成立于 1981 年。
⑳	亚洲反海盗及武装抢劫船只区域合作协定组织（ReCAAP）：2006 年，为应对亚洲的海盗而成立的区域合作组织，履行海上警察职能，共有 14 个会员国。作为区域"间"的合作，挪威及荷兰等国也有意参加。

首先，亚洲的区域一体化和区域合作组织的数量之多，令人感到相当的意外。

这一点，无论是区域一体化、超级区域、区域间合作组织的数量，还是其性格上的多样性，都胜过欧洲。在亚洲，除了有像东盟那样在制度上具有高度约束力的组织之外，如果包括观察员身份的国家在内的话，实际上还有十个以上、人口占地球半数达到 28 亿的、巨大且多种多样的组织在发挥着各种各样的作用。

围绕"东亚共同体"的争论

创设于 1961 年的东盟，是亚洲区域一体化的核心。东盟现在由泰国、印度尼西亚、新加坡、菲律宾、马来西亚、文莱、越南、老挝、缅甸和柬埔寨等十国组成，

第二章 亚洲的区域合作

人口5亿8100万，2010年的GDP总和为1.49万亿美元。人口与欧盟相当，国民生产总值与占世界第九位的加拿大相当。

东盟加中日韩、即10＋3的话，13国的人口达到20.6亿，2010年的GDP为13.8万亿美元，几乎与美国持平。如果是10＋6的话，其GDP总额为16.7万亿美元，已经超过了欧盟或美国（表1，图10）。

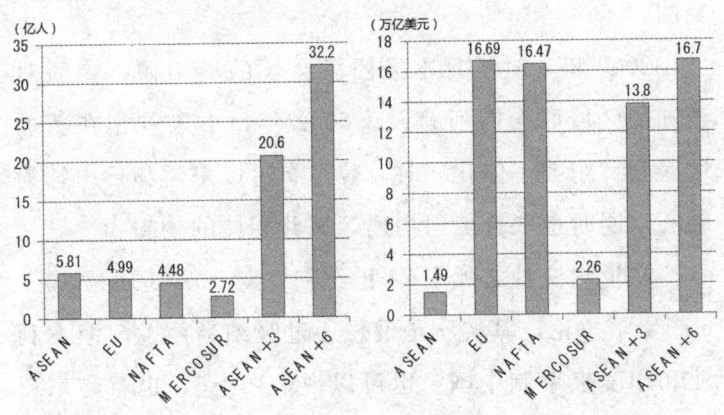

图10 区域合作之间的比较

2009年9月，赢得大选的日本民主党的鸠山由纪夫首相，高调抛出了"东亚共同体构想"和"儿童补贴"等主张，中韩两国也对此表示欢迎。但是，在美国和日本国内，同时出现了对这种主张的强烈反弹。鸠山政权被贴上反美容共的标签，再加上媒体的煽动，以推动普天间美军基地迁移受阻为契机，鸠山政权终于垮台。

问题出在哪里呢？很明显，是美国在反对以日、中、韩和东盟为主导的、将美国排除在外的亚洲一体化进程。除了像欧美能够施加影响的APEC及10＋6等以外，美国难以接受没有美国参加的亚洲集团化（行为），而日本国内的大部分势力和媒体也追随了美国。

2000年，时任日本经团联会长的奥田硕，曾经对亚洲的区域联合有所言及。2002年，小泉首相在新加坡谈到"东亚一体化"时，曾经有过以东盟和日中韩为轴心，同时也联合美国构建区域共同体的构想。

在世纪交替之际至21世纪初，对10＋3还是10＋6产生了争论。其实质是设想通过吸纳新西兰、澳大利亚和印度来牵制中国。也可以说，10＋6，也就是东亚峰会，是为了削弱中国的影响力，才将成员国扩展至南太平洋和南亚地区的。

但是，要想"排除"拥有13亿人口、国民生产总值高达8.2万亿美元（2012年）的中国，政治上即使可行，但在经济上也是行不通的。从巨大的市场、廉价的劳动力、廉价商品这三方面的无论哪一方面看，如果将中国"排除"在外，不仅没有好处，而且对亚洲来说

第二章 亚洲的区域合作

是个巨大的损失。另一方面，从强硬的立场来思考区域联合这个话题时，如果将中国包括在内，则被认为意味着将历史性地脱离日美同盟。所以，当世界上区域联合的潮流从20世纪90年代至本世纪初不断席卷而来的时候，长期以来，日本围绕着"是坚持日美同盟？还是与中国携手"这个话题来回兜圈子。

但是，在这种争论喋喋不休的时候，亚洲的国际贸易关系却在密不可分中向前发展。

根据饭坂仁美（Iizaka Hitomi）的研究，亚洲的中间产品贸易，20世纪90年代已达到与欧盟相同的水平，超过60%的中间产品来自于亚洲的区域内合作，而且通过亚洲区域内中间产品的进出口和进行组装，亚洲的完成品出口到欧盟和美国，亚洲实际上已经形成了高度的地区性经济圈。

2013年，日中韩的国民生产总值超过了15万亿美元，已经与美国并驾齐驱。就在这一年，中国表达了推进区域全面经济伙伴关系（RCEP）发展的意向，也表示要对加入TPP进行研究，中国的态度是要参加亚洲的区域间合作。现在已经到了美国与日本在经济上与中国合作、共同探讨双赢之路的时候了。

全球化时代的亚洲区域联合

大区域合作

另一方面,当日本对"东亚共同体"的构想踌躇不前、争论不休的时候,上合组织(SCO)以及南亚区域合作联盟(SAARC)等大区域合作,正在以中俄及印度为核心发展壮大。

类似于 SCO、SAARC 等"拥有共同边境"、人口规模达到 15 亿的区域合作,既是围绕着石油、天然气等能源的经济同盟,同时也呈现出了"政治—军事同盟"的色彩。

中俄、印巴之间,本来互有对立因素,正因为如此,才要尝试与"对手之间的同盟"。这种尝试本身,包含着缓和对立、面向安定与繁荣的积极一面。

"法德和解"本身,就是长期以来的战争宿敌,通过和解而实现的欧洲的"不战共同体"。在今天的法德友好关系中,已经很难得出二者间曾互为"战争宿敌"的印象。但是,"正是因为有了"对立和战争,中俄、印巴之间才可能产生缓和、平息边境紧张局势的开放型思维,才会考虑区域合作及建立地区性同盟的关系。

我造访 SAARC 中心的时候,一位所长曾说过下面一段话:

在我们南亚各国间之间,还没有形成所谓的"南

第二章 亚洲的区域合作

亚"自我同一性。正因为如此，才会把 SAARC 成员国的年轻人集中到同一场所实施高等教育，使在这里受教育的年轻人，通过共同的生活与学习，培育出被称为"南亚"自我同一性的意识。

作为可以匹敌欧盟伊拉斯谟计划（欧共体大学生流动计划）、法德百万留学生交流计划的，南亚各国的这种培育地区性自我同一性的尝试，值得大书特书。

通过 SCO 的中俄合作、SAARC 的印巴合作，为了消除对立而建立的同盟与合作关系，以及为形成自我同一性而进行的努力，在全球化扩大的趋势下，是极其重要的。只有与边境那边的敌对国家的融合，才是实现发展与安定的关键。正是因为有尖阁（即我钓鱼岛——译者注）、竹岛（即韩国的独岛——译者注）问题，所以，只有突破界线的束缚，与对方实现和解，才能成为日本在亚洲摆脱孤立的重大契机。

在东亚建设"由亚洲的年轻人组成的、培养亚洲带头人的共同大学"的时机，已经到来。

2010 年，中国的国民生产总值已经超过了日本。日元的坚挺、美元的疲软以及日本经济的长期停滞、1000 万亿日元的国债，还有雪上加霜的 3·11 大地震及核电站泄漏事故，使日本经济进一步陷入了难以自拔的境地。

但是，被称为"安倍经济学"的所谓日元贬值、制定通货膨胀目标的经济改革，在隐藏着危险的同时，也为日本的经济复兴提供了脚本。

但是，先把日本经济放一边，看一下亚洲经济及其一体化和集团化趋势的话，就会明显地看到不仅是中国，而且东盟、新兴工业经济体（亚洲四小龙）、印度等国家的经济都在发展。日本首先应该认识到，亚洲各国间的经济合作发展已是既成事实，日本应该考虑在维持日美同盟的同时，加入到与亚洲各国的经济一体化进程中来。

美国参与的亚洲的区域间合作组织

与欧洲相比，亚洲有相当多的、包括亚洲以外国家参加的区域间合作组织。

而且，美国已参与了其中的六个（见表5），包括TPP的话，则达到了七个，我们可以接受这个现实。既然排除中国在经济上没有意义，那么同样，如果将美国排除在外，合作就难以推进的话，那就和美国一起干好了。无论哪种合作形式，都可以同时存在。日本没必要对中美接近抱有恐惧，而是应该积极地在美中之间发挥桥梁的作用。

2010年秋，美国提出了10+8的设想。这是为了

第二章 亚洲的区域合作

避免让中国主导10＋3，而希望在增加澳大利亚、新西兰、印度的基础上，再加上美国和俄罗斯而提出来的。

同时，在当年11月召开的APEC峰会上，经过美国的张罗，跨太平洋战略经济伙伴关系协定（TPP）成为议题。很明显，美国是要借此挤进亚太地域的经济、政治框架中来。这不仅是为了牵制中国，还因为美国考虑到，如果不与已经成为世界第二经济大国，而且早晚会超过美国的中国进行合作，美国的经济就将得不到发展。

美中两国领导人自2009年至2011年，已经进行了6次会晤（日美之间只有一次）。2013年6月，奥巴马总统与习近平主席成功的举行了私人峰会，双方就经济、外交、安全等诸多的课题交换了意见。很明显，美中正在相互接近。日本作为一个国家而不能置身其中，从长期的视角来看是个损失。

在由区域合作向区域间合作发展的过程中，不必因为美国不属于亚洲就要将其排除在外，把美国包括在内的亚洲区域合作也是可能的。只要不使此类的区域合作成为唯一的经济合作体的话，那么，多层次的、灵活的、各种各样的区域合作体的多重结构关系，不仅是亚洲，也是当今世界的潮流。

重要的是，不应是排他的，而应是包容的；不应是一元的，而应是多元的。

　　从这个意义上说，可以认为，不管是排除中国，还是排除美国，甚至日本国内那些以东亚局势紧张为理由打算进行核武装以及修改宪法言论的争论，从"包容的、多元的区域一体化、区域合作"的观点来看，都是不符合时代要求的。

　　包括中国的 10＋3，以及 10＋6 的区域合作，既包括中国，也包括美国的区域间合作（APEC）、包括美国而没有中国参加的区域间合作（TPP），可以让这些合作各显神通。哪种合作形式更有前途，哪种合作形式能够获得更多的利益，通过长期竞争一决高下的做法也是可行的。

　　在美国参与的各种亚洲区域合作组织中，既有 10＋8 这样的东亚峰会，也有由 20 个成员国组成的东盟外长扩大会议、21 个成员国的亚太经合组织，还有规模更大的有 25 国参加的东盟地区论坛，这个论坛在安全问题上已经是一个松散的联合机构。上述这些组织或机构层叠交叉地构成了亚洲的区域合作体制。

　　由"不同体制之间"组成的协商机制——围绕朝核问题的六国会谈，像 APEC 那样包括不同体制（欧洲北大西洋）在内的机制，地区性安全问题机构的 ARF，还有亚欧间最大的机构、有 46 国参加的亚欧会议

第二章 亚洲的区域合作

（ASEM）等等。上述这些超过区域性共同体的、与世界其他相关地区形成网络化的合作动向，正在亚洲逐步扩大。

如此这般，亚洲在此期间，随着区域合作快速的、多重的网络化进程，不同空间、不同领域的区域间会议、对话、合作正在得到推进。如表5所示，亚洲区域合作的灵活、多层次的网络化和机制化，正在逐步扩大和推进。

综上所述，下面打算就"东亚区域合作的战略"该如何推进作些探讨。

第三章　成长中的亚洲的区域合作战略
——日本的课题

"东亚的区域合作"已在发挥作用

正如前面叙述过的,在东亚已有超过10个、各种层次的,涉及经济、安全问题、经济一体化的合作机制,这些以主权国家为基础构成的合作机制,正在发挥着作用。

而且,作为在数量上已超过亚洲自身的亚太、亚欧间的合作机制,也已开始发挥作用。

以近年来美国的奥巴马政权积极参与亚洲事务为象征,在亚洲多达13个的各种各样的合作机制当中,美国已经有意识地参与到了其中的7个。如果加上TPP

<<< 第三章　成长中的亚洲的区域合作战略

的话，美国已经加入了其中的一半。没有美国参与的亚洲区域合作，已经到了难以想象的地步（图 11）。

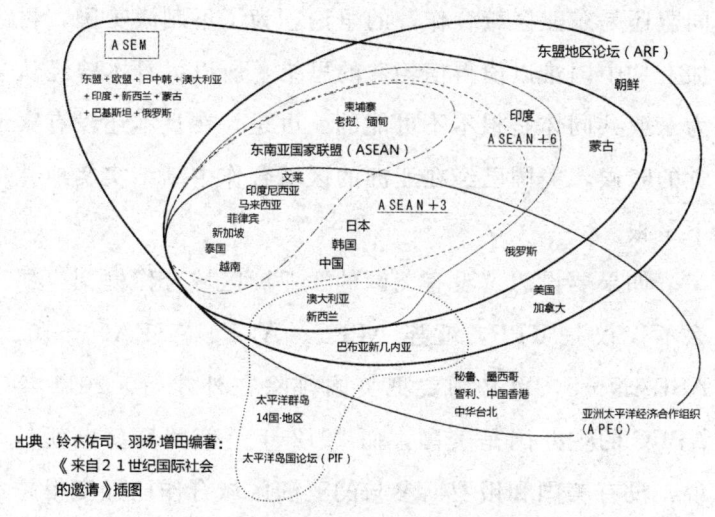

图 11　亚洲的区域一体化及区域间合作

作为区域间的合作机制，ASEM（46 国＋2 个国际组织）也在发挥作用。

可以说，在除了东盟之外难以形成其他的、亚洲独自的区域合作组织之际，亚洲的经济合作，已经被严密地组合进了与美国和欧洲的合作框架——国际合作的框架中来了。而另一方面，在亚洲自身仅有的三个合作机制里，日本与中韩之间又处于看似势如水火的对立之中。也就是说，亚洲处于核心空虚而离心力却很强的"面包圈"状态。亚洲自身不能主导亚洲区域合作的状

全球化时代的**亚洲区域联合** >> >

态依然在持续。

一提起东亚区域合作，在日本肯定会引起"是日美同盟还是东亚区域合作"的争论。为了不刺激美国，再加上"中国难以值得信赖"的思维，所以，日本曾经认为东亚共同体是根本不可能的。可是，在日本还没有察觉的时候，美国已经在亚洲的区域合作中结结实实地扎下了根。

如果要设想"没有美国的"亚洲区域合作框架，那么不仅仅是 TPP，就连 APEC、ARF、ASEAN＋10、ASEAN＋8，也必须要把美国排除在外才行。2011 年 APEC 的主办国是美国，而 2012 年是俄罗斯。也就是说，没有美国和俄罗斯参与的亚洲区域合作已经变得越来越不现实了。

如果将 APEC 作为亚洲与美洲大陆的联合体的话，那么，就像与之抗衡似的，最近几年，ASEM 作为亚欧间的对话机制，其影响力已大幅增强。参加 ASEM 的国家及国际组织已达到 48 个，俄罗斯也已加盟，作为美、欧、亚三级构造中最为薄弱的环节，欧洲与亚洲的对话框架已经开始有所进展。

在亚洲已经有了 10 个以上的多结构、多层次的框架。这就是说，已经产生了以经济为中心的、由多个不同的机构组成的、"非排他性、包容的"亚洲的多边机

《《《第三章 成长中的亚洲的区域合作战略

构正在发挥着实质性的功能。可以认为,伴随着亚洲的经济成长,这些组织或机构取得了巨大的战略性进展。

现在不如考虑如何强化没有美国参加的、也就是如何将 ASEAN 与 10＋3、区域全面经济伙伴关系（10＋6 RCEP）、还有 SCO、SAARC 等作为亚洲实质性的机制发挥作用,以及这些机制之间如何协作。2012 年夏,中国社会科学院的张姓教授指出,中国将积极参与 10＋6 的框架中来。中国向美国的奥巴马总统表明中国对参加 TPP 持开放态度。与苏联不同,中国已经融入了世界的经济与金融体系,而且与日本和美国的经济复苏、经济发展密不可分。

从确立亚洲自主性基础的角度来说,包括大洋洲在内的 10＋6 的更加核心的部分,应该是对 ASEAN、10＋3,以及 SCO、SAARC 等组织加以强化。

战术上讲,日本强化与 ASEAN 的协作、增进 ASEAN 与日中韩的协同、加强与 SCO 尤其是与 SAARC 中的印度的协作,这些对于搞好日本与亚太各组织间的平衡也是有必要的。在这当中,强化与中国的关系尤其重要。

亚洲虽然有各种各样的区域合作组织,但在现阶段,依然具有"空心化"的现象。也就是说,纯正的亚洲组织只有 3 个,而包括美国在内的组织则有 7 个,欧

41

全球化时代的亚洲区域联合

盟有3个,由俄罗斯参与的也有4个。亚洲的区域合作组织,具有明显的由美国、欧盟及俄罗斯带来的离心力,而像欧盟那样的向心力则非常弱。更有甚者,2012年以来,日本围绕着尖阁、竹岛与北方领土(即中国的钓鱼岛、韩国的独岛和俄罗斯的千岛群岛——译者注)问题,与对日本至关重要的3个邻国之间陷入了纠纷、对立状态,这个问题必须加以解决。

如果说,不过分强调欧盟已是超过美国的世界上最大的经济圈的话题也是个策略的话,那么,不强调日中韩已经是与美国不相上下的经济体也是一种策略。在区域合作方面,美国正在输给欧洲和亚洲。因此,美国不仅处心积虑地无论如何要挤进亚洲,进而使美国缺席的亚洲独自的区域合作难以实现,而且要想方设法地继续维持其老大的地位。所以,美国才提倡推行TPP。顺便说一句,北美自由贸易协定(NAFTA)的GDP总额约为17万亿美元,超过了欧盟的16万亿美元。但是NAFTA的作用,别说是与欧盟相比,就是与亚洲的区域合作相比,其作用都是有限的。而且,到2015年,亚洲的区域合作规模亦将超过NAFTA。而到2016年,中国按平价购买力计算的GDP将超过美国。但是,目前的亚洲仍然各自为政,反而让美、俄、欧盟掌握了主导权。这样下去合适吗?

第三章 成长中的亚洲的区域合作战略

亚洲的区域合作，已经在发挥着"作用"并在逐渐扩大。问题是如何使 GDP 之和已达到与美国不相上下的 15 万 3000 亿美元的日中韩三国，作为亚洲的核心，相互之间消除对立共同发挥领导作用。还有就是如何在多样性的国家和地区间实现合作。（国家、地区的）多样性本身并不是问题（障碍）。在保留和接受多样性的同时，如何让合作能够发挥实质性的作用才是问题的所在。如果做不到这些，亚洲的经济实力即使达到世界的一半，依然摆脱不了美、俄、欧盟的左右。

从经济一体化走向东亚的区域一体化——从擅长的领域做起

亚洲区域一体化的核心是经济一体化。

欧盟给我们的启示是，不应是对欧盟各种制度的模仿，而是应该从亚洲自身擅长的领域做起。

法制与制度建设是欧洲擅长的领域。从古代的罗马法开始直至现在确立的法律与制度框架，是维系欧洲格局的最基本的关键所在。欧洲具有以法律和制度条框将现状加以约束的特征。其中最为典型的，就是欧盟组织机构的框架（http://www.deljpn.ec.eu/data/current/）。

在欧盟，从大的框架来讲，有作为内阁的欧洲委员会（EC：负责行政和政策立案），有作为决策机构的欧盟理事会（由欧盟成员国政府部长组成），每年举行两次的欧盟峰会（由各国首脑组成），立法机构有欧洲议会。欧洲议会在里斯本条约生效前只像是个"咨询机构"，2010年后作为欧洲市民声音的代表进一步握有实权。作为司法机构则有欧洲法院。

尽管是行政、立法、司法的三权分立，但长期以来，欧洲议会曾经只是个咨询机构。欧洲的一体化搞了50年，直到最近通过的里斯本条约，欧洲议会才终于被赋予了真正的立法机构的职能。欧洲议会的政治作用才有所扩大，严格的法律框架才得以确立。

但是，欧盟作为由精英主导的官僚机构也有其缺点。因此，近几年来，也有人将欧盟与各成员国以及市民在理念上的错位，称之为所谓的"民主主义赤字"，即"欧盟、成员国、市民"三者间权益的对立。也只有过度重视严格的法律和制度框架的欧盟，才会与市民社会和成员国利益之间产生摩擦。

结合这些来看，就连被认为是法律制度框架完善的欧盟，特别是在遇到代表欧盟全体市民利益的政治领域，很难说充分地发挥了作用。走过了50年的一体化历程后，欧盟曾经尝试通过宪法条约，但是失败了。经过大幅度修改，才缔结了里斯本条约。所以，可以认

第三章　成长中的亚洲的区域合作战略

为,从提高到政治层面来考虑制度设计的话,亚洲完全没有必要急于求成。

亚洲的区域一体化,可以先从擅长的经济,即各国和各国人民所追求的发展与繁荣方面的合作起步。即使会被说成"政冷经热",但以经济振兴为基础的区域发展也是相当重要的。要给多样性的亚洲戴上政治性的紧箍咒可以说毫无意义。

成长中的亚洲经济与日本的战略

下面想通过对日本经济产业省盐田审议官提供的数据的分析,对美、俄、欧盟都千方百计想接近的亚洲的经济状况作些介绍。

图12所示的是世界各国GDP的增长率和对2008年世界金融危机后的2009－2010年世界经济前景的预测。

2009年世界各国的经济状况是,日、欧、美、俄都是负增长。当发达国家的消费大幅度萎缩和减少时,中国、印度以及中东和非洲等新兴国家却不受金融危机的影响而快速增长,二者之间形成了明显的对照。即使到了2010年,相对于所有发达国家都只有不足5%的GDP增长率的时候,中国和印度则分别达到了10%和8.8%,其他的新兴国家也都超过了5%。

全球化时代的亚洲区域联合

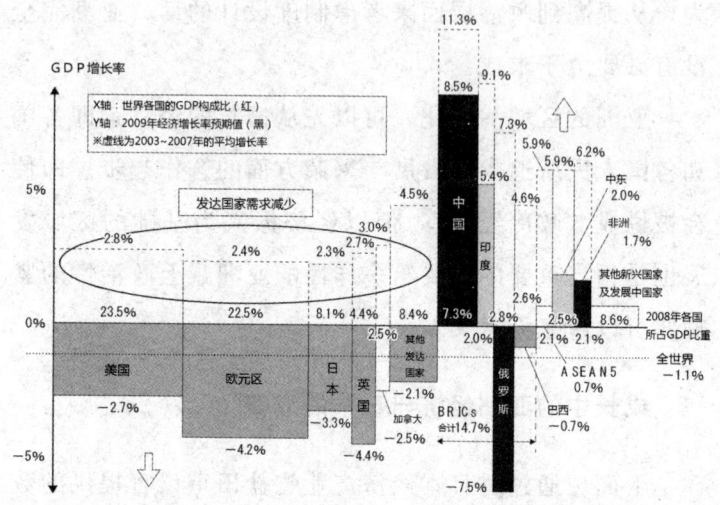

图 12　世界各国 GDP 构成比及对 2009 年世界经济前景

另一个重要的特征，则是冷战终结后的 20 年里，亚洲的中产阶层正在大幅增加。

1990 年还只有 1.4 亿人的亚洲中产阶层（按人均可支配性收入 5001－35000 美元计算），到了 2008 年猛增到了 8.8 亿，2010 年则达到了 10 亿。冷战终结后不到 20 年，令人惊异地增长了七倍，这个数字远远地超过了欧、美的人口。有预测说，到 2020 年，亚洲中产阶层的人口将增加到 20 亿人。

更让人深感兴趣的是，亚洲的储蓄率之高令人吃惊（见图 13）。日本的储蓄率之高早有定论，但是现在，中国（2007 年）、印度（2005 年）的家庭储蓄率已分别

❮❮❮ 第三章 成长中的亚洲的区域合作战略

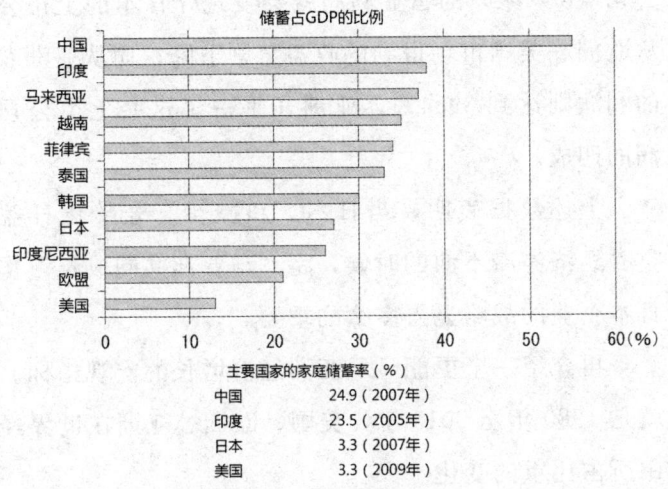

图 13 亚洲的高储蓄率

达到了 24.9％ 和 23.5％，家庭开支的 25％ 用于储蓄。相比之下，日本的储蓄率已下降到和美国同等水平的 3.3％。

储蓄在 GDP 中所占有的比例，还有更令人吃惊的数字。中国与印度在经济增长率和 GDP 总额不断增加的过程中，其中的四成到五成被用于储蓄。甚至马来西亚、越南、菲律宾、泰国和韩国，GDP 的三到四成也被用于储蓄，都超过了日本。这些都关系到潜在的消费能力和消费市场的大小。

在此状况下，按世界不同地区比较一下日本的上市

全球化时代的亚洲区域联合

公司（890家）的营业利润就会发现，日本的上市公司从欧洲、美国市场得到的收益急剧下降，而从亚洲获取的利润则达到39.4%，亚洲几乎占了这些上市公司利润的四成。

上述数据表明，当日本人口减少、老龄化日益严重、经济停滞不前的时候，将"与亚洲共同成长"作为日本企业的战略显得多么的重要。

再介绍一个更能显示亚洲经济增长的宏观指标。这就是1980年至2015年，美国、欧洲、亚洲在世界经济中所占比重的变化。

根据这个统计，在1980年代，亚洲的GDP只分别相当于NAFTA和EU的三分之二。也就是说，相对于二者的3.3万亿美元和3.7万亿美元，只有2.1万亿美元的亚洲，经过持续的高速增长，到了2009年的时候，相对于NAFTA的16.5万亿美元、EU的16.4万亿美元，亚洲已经达到了15.2万亿美元，30年间增长了将近8倍；到2015年（预测值）的时候，亚洲将大幅度超过NAFTA的21.5万亿美元和EU的19.5万亿美元，达到24.4万亿美元，成为一大经济圈。即使考虑到其中因日本的震灾和经济停滞带来的不利影响，普遍的看法是，再有几年，亚洲的经济总量毫无疑问地不仅会超过美国，而且将超过NAFTA。

‹‹‹ 第三章　成长中的亚洲的区域合作战略

2004年，笔者曾在日本读卖新闻的经济专栏中写到，1990年代是"美欧两大经济圈成长"的年代。但是，今后用不了5年的时间，尽管是"没有被制度化地组织起来"的亚洲，也仍将成为一大超过EU、NAFTA的经济圈。

而且，在不远的将来，亚洲将成为世界的消费市场。高度的经济增长、高储蓄率、中产阶层的扩大，必然会呈现出一个不仅是作为生产市场的亚洲，而且会呈现出一个作为消费市场的亚洲（图14）。

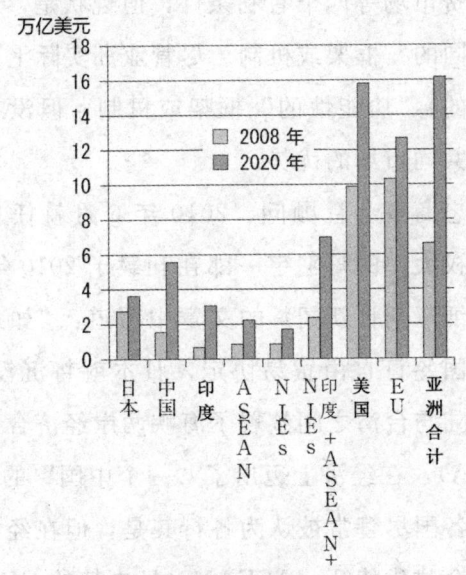

出典：日本经济产业省资料，2010

图14　作为世界消费市场的亚洲

全球化时代的亚洲区域联合 »› ›

2020年之前，中国的消费能力将超过日本，成为亚洲最大的消费市场。"3·11"地震给日本带来的灾害，也许会使是这个过程加快。从全体来看，亚洲其他地区的消费能力是日本的四至五倍，将超过欧洲而与美国不相上下。对此，日本经济产业省没有将其视为对日本的威胁和日本经济上的失败，而是认为"对我国产业界来说会进一步扩大商业机会"。应该说正是如此。

如上所述，与欧洲、美国，甚至与NAFTA相比，尽管亚洲拥有经济增长、储蓄率、中等收入群体、生产能力与消费市场等四个有利条件，但现状是，只有亚洲没有"共同的"框架或机制。尽管亚洲实际上存在着多种（分散的）"功能性的"框架或机制，但没有像欧美那样形成共同市场的优势。

伊藤忠商事会社顾问、2010年6月就任日本驻中国特命全权大使的丹羽宇一郎在刊载于2010年7月24日日本报纸《朝日新闻》的文章中写道："如果不推动日本与中国签订自由贸易协定，日本就将沉没。"2010年中国大陆与台湾之间签署了海峡两岸经济合作框架协议（ECFA），在经济上迈出了"一个中国"的步伐。

亚洲各国尽管常被认为各行其是，但在经济上却具有明显的全球化特征。ASEAN＋日中韩的GDP已经达到16.8万亿美元，超过美国和欧盟跃居世界第一位。

‹‹‹ 第三章 成长中的亚洲的区域合作战略

在经济层面，亚洲事实上已形成的区域合作虽已成为世界第一，但在政治上却依然对立，如何克服这个问题已是燃眉之急。

现实性地应对这些动向，对于日本来说，正在成为一个需要抓紧解决的课题。日本只要着手去做的话，应该会有很多选择。

日美同盟与亚洲区域一体化的关系——欧共体是如何与美国相处的？

日本参与亚洲一体化进程的最大障碍，是如何平衡其与日美同盟的关系。本书已经论述了日美同盟与东亚一体化是可以同时存在的，美国所希望的那种亚洲的区域一体化是可行的。具体来说，APEC、ASEAN＋8，甚至TPP就是例子。

欧盟自从其理念诞生以来，虽然经历了各种各样的迂回曲折，但在第二次世界大战结束后通过与美国携手，欧洲的一体化终于取得了成功。

在第一阶段，西欧面对二战后新出现的苏联社会主义体制的威胁，通过复兴欧洲的马歇尔计划以及"法德和解"而建立的欧洲经济共同体，确立了美欧同盟。

第二阶段，冷战终结后，欧盟通过推销自由化、民主化，将中、东欧拉入己方阵营，并与俄罗斯在能源上开展合作，与美国和北约采取了共同行动。尽管围绕着伊拉克战争，欧、美双方在人道与安全战略问题上持续对立，但除了小布什执政时期以外，美欧关系坚如磐石。

第三阶段，是金融危机之后。欧盟在其以外区域，与俄罗斯、中东、非洲、中国等积极强化全方位外交的同时，不起摩擦地推进了与美国的合作。

如此这般，欧洲在一贯坚持自身姿态的同时，也与美国保持着协调行动的关系。

亚洲亦应如此，到了该将与美国的关系过渡到"对等的同盟关系"的时候了。

美国的奥巴马总统当初就对亚太的区域合作持积极态度，特别是到了2010年以后，从组织上也制定了重视亚洲的策略，像APEC、10＋8、TPP等。

就像前面叙述的那样，在亚洲已有各种各样的、多重的、多元的合作机制并在发挥着作用，可以将美国有机地组合到其中。但是，不能认可美国的霸权，而是有必要将其视为"对等的"一员与其确立相互间的关系。亚洲的区域组织不是排他的，而应该是具有包容性的。

如何使亚洲与美国的协作在对等关系的基础上，在经济方面得到发展，APEC、10＋8将成为检验指标。可以将在世界上蓬勃发展的亚洲经济，以美国也能够获

‹‹‹ 第三章 成长中的亚洲的区域合作战略

取利益的方式向前推进。

只不过日本在推进（参加）TPP的时候需要慎重。笔者虽然认为今后不得不推进区域间的自由贸易，但是在这种场合，在废除各国的关税壁垒时，需要像欧盟的共同农业政策（CAP）那样将域内经济预算的相当部分，以农产品收购、价格补贴的形式，对各国的农业保护及育成方面进行分配。

有办法将美国参加的经济区域共同体，在符合亚洲和美国双方利益的基础上加以推进。而这种场合，对参与亚洲经济发展的美国所要求的，不是以前的霸权主义，而是要对等地确保双方的共同利益。也就是美国对待欧洲的姿态，对亚洲也应该一样。这种要求，无论是作为中国，还是作为日本，也都是一样的。（成员之间的）相互对等是推进区域合作的前提。

只要美国、中国、日本在亚洲争夺霸权，那么始终就会陷于"是坚持日美同盟还是卖身投靠中国"、"日本的大东亚共荣圈又卷土重来了吗"等无谓的争论。正因为如此，需要一个以东盟为主导、日中韩以及美国给予支持的复合机制（框架）。

全球化与TPP

笔者是主张区域一体化的，从这个立场出发，原则上赞成泛区域经济圈。

从这个意义上说，笔者认为，不论是推进TPP、还是推进ASEAN自由贸易圈（AFTA），或是ASEAN＋3东亚自由贸易圈（EAFTA）也好，甚至是各国家间以及与EU之间的FTA、EPA也罢，"对于本国和区域内的其他国家来说，应该将能够享有更加美好的生活、安定与繁荣作为前提"。

但是，此时必须保证做到以下三条原则：（1）无论是对区域还是对成员国，应该是共享利益和繁荣的双赢政策；（2）排除一国霸权，各成员国关系一律平等；（3）不主张通过"一律废除关税"而一举开放（各国）市场。而是对事关当事国的攸关利益和社会构造的问题，设定例外品目，不仅是通过交涉，而且要通过制度和法律形式对此加以保护和保证。

现在正在进行的TPP谈判，上述的三点原则都没有得到保证。从这一点来看，加入TPP令人怀有疑问。

更重要的是，日本国内对加入TPP赞成与否的争论，变成了是（1）"平成（日本现行的年号，译者注）开国"，还是（2）经济民族主义（保护主义）二者必居其一的争论，难道是这样吗？

关于（1），在全球化趋势下，国家开放、国际化是最基本的必要条件。但是，日本在经济上已经是一个开

《《《第三章　成长中的亚洲的区域合作战略

放的国家，而且也参与了多个区域合作。在此情况下，难道日本只对TPP"开放"就可以了吗？与美国的贸易总额已经降至占日本对外贸易总额比重的15%，相比之下，日本与中国的贸易总额已上升到20%，与亚洲全体的贸易总额已上升至60%，与亚洲的自由贸易对日本的好处之大，是压倒性的。不仅是对美国，如果不同时对亚洲其他地区也开放的话，是没有意义的。

另外，19世纪末的"国家开放"与现在的根本区别在于，现在绝对不能通过缔结"不平等条约"来实行开放。区域一体化、区域合作的基本原则在于，不是要多数国家服从一国霸权，而必须是对等、平等的、由各成员国组成的自由联合体。在一体化的过程中，必须最大限度地保护成员国的主权和国家利益，这是区域一体化的原则。即使是美国，如果不遵从这个原则，也难以创建自由经济圈。

第三，仅仅依靠经济民族主义和保护主义，在全球化时代，已经难以生存。反对派的多数论点，在全球化时代的今天缺乏说服力。即使拒绝了TPP，类似的问题也还会接踵而来。像FTA、EPA、区域合作、区域安全问题等等，日本必然会面临来自各个方面被要求实施国家开放的压力。来自美国的、亚洲的、欧盟的，不可能拒绝所有开放市场的要求。既然如此，哪些方面以及如何应对才是日本的利益所在，哪些是必须加以保护的国家利益，日本需要持有不同的战略分别加以对应。

如何理解亚洲经济圈和美国经济圈对于日本的意义。历史性地看，经济层面上依赖亚洲，安全层面则仰仗美国支撑着日本的政治和经济。但是，没有必要认为因为不能放弃日美安保同盟，所以经济上也必须与美国及其随从合伙。

另外，自由贸易的市场准入与维护主权、保护本国重要产品品目两者之间并不矛盾。TPP的加盟条件中应该取消所谓的"不承认例外"关税、废除非关税壁垒的原则。TPP的现状是，就连美国自身，以及后续的加入谈判的各国，也做不到既能够保护本国及国民的利益，又能相互间协调一致。所以，TPP有走进死胡同的可能性。

实际上，在日美的预备谈判中，美国要求日本同意继续对输美汽车课以关税，而美国出口日本的汽车则为零关税。而在另一方面，美国又以日本政府控股的日本邮政推销的癌症保险得到了日本政府的保护造成了不平等为由，主张日本应该冻结日本邮政参与癌症保险。上述这些，都与美国所主张的零关税、自由贸易的观点相互矛盾。区域合作必须是对等和相互平等的，如果美国对亚洲行使霸权进行不平等的谈判，那就不能称之为区

《《《第三章 成长中的亚洲的区域合作战略

域合作,这种合作关系早晚会破产。美国如果要参与亚洲的区域合作,那么,至少要像对待欧洲那样,必须要采取平等的、绅士的态度才行。

日本应该明确战略,坚韧不拔地进行维护国家和国民利益的谈判。同时,应该在TPP中确立一个与其他成员国共同保护重要产品品目的制度。

对于农业问题,应该在TPP区域内引进像欧盟的农业保护制度、直接支付制度那样的共同农业政策(CAP),对TPP各成员国的农业利益加以保障。

对于开放本国的社会福利市场、医疗制度或者食品安全标准等问题应该慎重。即便是欧盟,因顾及各成员国的文化与传统差异,所以也没有轻易地开放社会福利和医疗制度。欧洲拥有优厚的医疗保障制度,所以对社会保障、医疗保险自由化的态度谨慎。

日本不仅仅只是盯着是否应该加入TPP的是与非,而应放眼世界。在美欧亚三极构造中,以现实中经济上最为依赖的亚洲的区域合作关系为轴心,并加以强化,同时与美国以及欧洲进行合作才是现实的。

另外,美国如果参与亚洲经济圈,作为区域合作的原则,美国应该遵守以下几条:(1)不搞霸权,尊重区域内各成员国间对等、平等的地位;(2)像保护美国自身的主权一样,对保护各成员国主权的制度应给与同等的重视;(3)对"一律不承认例外"的统一关税和废除非关税壁垒的主张,应持慎重态度。正像美国有需要保护的领域一样,日本以及其他成员国也有不能让步的领域,有必要以此为前提推动谈判;(4)继续进行区域利益与国家利益以及国民权益(保护农业、医疗及社会福利)之间的调整、磨合工作。关于这一点,将在自由贸易的框架内,以维护本国经济利益为前提进行。

只有根据以上原则,无论是 TPP,还是亚洲自由贸易圈,才能成为公平的、带来实惠的合作成果。

据此,本书所主张的就是,日本要根据 TPP 能否确立上述条件和制度,来决定是否赞成以及是否加盟。即使是先加入其中再进行谈判,也应该首先取消由现在的即先期加入的成员国制定的"不承认例外的、废除所有关税"的条款,然后按照区域合作的原则,缔结使本国利益得到保护的区域协定。"将所有的物品、服务都摆到贸易自由化谈判的桌面"的主张不值一提。日本应该对此加以纠正后,在"承认例外"原则的基础上开始入盟谈判。并且,这个"例外"不应是美国的特权,而是应该平等地保障所有的成员国都能够享受这种权利。

TPP 的另一个重要的历史性特征是,美国已经不是那个曾经以世界头号经济强国引以为自豪的美国,而是在经历了雷曼兄弟公司破产打击后,经济走向长期衰

第三章 成长中的亚洲的区域合作战略

退、已经处于疲惫不堪状态的美国。所以，美国要将横跨北美洲、南美洲、亚洲的TPP，定位于维护其自身作为世界霸主地位的"生存之战"的一环，将其作为实现美国"出口倍增、促进就业"计划，回归高速发展的亚洲，并对此加以利用的战略。如果理解了这一点，就不会认同日本经济界的"姑且不管农业，至少对产业界是有利的"、美国会轻易接受通过出口汽车与电器产品使日本获利的主张。就像在今年的预备谈判中已经显现的那样，美国是为了实现自身的利益才选择加入TPP的，为了照顾具有竞争力的日本产业界的利益而让美国对其"出口倍增、增加200万人就业"计划作出让步是根本不可能的。美国一方面主张对日本具有竞争力的领域继续课以关税，另一方面，对日本脆弱的需要保护的领域则主张开放市场。不仅仅是大米或其他农产品，对日本邮政经销的简易保险商品同样如此。应该认识到，美国为了谋取自身的国家利益而在采取双重标准，今天的美国已没有余力再在经济上继续关照日本。

面临雷曼兄弟破产、美元下跌、失业率居高不下、奥巴马总统的支持率低迷以及被共和党赶超状态下的美国，在总统大选前，以作为可以向选民们展示一项成果的布局来定位TPP，所以，对以下的动向日本也应该有必要加以警惕。即尽管美国匆匆忙忙地鼓动忠实的同盟国日本也加入 TPP，但对于华盛顿来说，并不意味着日本的参加是必不可少的，或者说美国并不是真心喜欢日本加入到 TPP 中来。为了向美国表露忠诚，日本即使自己吃亏也要加入的 TPP。而一旦事与愿违，由于日本的加入反而使美国经济陷入困境的话，那么甚至有可能导致日美关系失和。

另外，经济陷于停顿的美国，正在打算将来与中国和印度携手，以期能够继续维持其霸主地位，美国与韩国签署的 FTA 也是其中一环。日本如果不在确保与东亚、ASEAN 经济圈合作的同时维持与美国的关系，那么，美国、中国无视日本的存在，双方走在一起搞经济合作的可能性是相当高的。应该预想到，衰退中的美国不会永远地将同样处于衰退中的日本当成大弟子加以照顾，美国视情况的变化，届时也有绕开日本，与其他的对手进行合作的选择。

另一方面，亚洲如果能在 10＋3、10＋6 方面取得成功的话，那么在 2010 年的时候，亚洲就已具备了与美国、欧盟并驾齐驱或超过欧美的实力。而到了 2013 年，日中韩的经济实力之和将超过欧美，2014 年，日中两国相加的经济规模就将超过美国。正因为如此，对美国来说，日本和中国的关系应该是处于一种世界上最坏的（双边关系），中日双方务必要处于那种一触即发

≪≪≪ 第三章 成长中的亚洲的区域合作战略

的状态才好。

有了这个认识的话,日本有必要同时推行两种策略。一方面即使目前日中关系恶化,但从"战略大局出发",日中韩在经济上还是要继续合作;同时要向美国表明,亚洲的区域合作并不针对美国,而且将继续与美国进行区域间合作。不过,日中韩与美国的合作,归根结底应该是对等的,美国应该放弃将亚洲置于其从属地位的思维。美国应该像对待欧洲一体化时给与欧洲的信赖一样,平静地守望亚洲的合作进程。

问题在于,如何以超过 TPP 视野的、将亚洲的区域一体化以及亚洲的泛区域经济圈,作为更具实质性的组织加以建设;如何以不断壮大的世界上最大的亚洲经济圈为中心,与美国、欧洲也缔结区域间合作协定的同时,与世界其他地区同时也开展合作。

亚洲各国(实际上)也都采取了双重战略。

东盟、中国、韩国、印度,都分别在与欧盟、美国双方进行接触。经济界、政治家、学者们利用 FTA、EPA 接近美欧,在美国、欧洲、亚洲间互派了很多年轻的留学生。相比之下,在此期间只有日本一边喊着要"知识立国",一边却是赴海外的留学生大幅减少,日本已经变得保守起来了。看着日益把日本拉下巨大差距的中国、印度以及韩国等亚洲国家的留学生热,真让人担

全球化时代的亚洲区域联合 》》》

心 20 年、30 年后，日本是否还有能力（在确保必要的人才数量基础上）形成精英阶层。

中国充分利用香港推动内地的发展，和台湾签署海峡两岸经济合作框架协议，又与美国、欧盟进行经济合作。日本对于中国正在推进的全方位战略及对外合作关系，不能掉以轻心。

日本与美国的关系是坚固的，但与亚洲之间的渠道，尽管在经济方面是强有力的，但在政治、文化等方面却非常薄弱，所以必须对此加以强化。必须克服亚洲区域合作中的"空心化"现象，强化日中韩之间的纽带。日本和欧洲之间的关系亦是如此，在最近这段时期，相比日益密切的欧洲与中国的关系，已经显示日本做得太不够了。

眼下，日本正置身于亚洲时代的开创期，所以日本不应该只固执于 TPP，而应该在不断地注视着美国、中国、东盟、印度、欧洲发展的同时，有必要制定能够应对（有可能到来的）更加猛烈的全球化时代的战略。

日本在全球化时代实行平成"开国"的核心，应该是超过 TPP 视野的亚洲和全世界。与日新月异的亚洲携手，推动世界的发展。

《《《第三章　成长中的亚洲的区域合作战略

历史问题能够克服——德法、德波、巴尔干的历史教科书

那么，与前述的中国的关系怎么样呢？

首先，想就日本人和世界其他国家对于"和解"一词在语感上的差异做些说明。

对"和解"一词的语感，欧美和日本有很大的不同，在日本被错误地解释了。"德法是均质（本质上相近）的，而欧洲国家间又关系密切，所以和解是可能的。但亚洲极具多样性，日中、日韩间有历史问题"，所以，亚洲经常被认为不可能和解的。但是，"和解"的词源，宗教上的解释是"面对神灵的忏悔和祈祷"，国际政治上则为"对战争、冲突状态及对立与不和的状态进行修复"。由此可以看出，均质、同质或相似的事物之间不存在"和解"的概念。

所谓"和解"，就是消除对立、结束冲突状态。就像印度与巴基斯坦、中国与俄罗斯之间那样，正因为相互间蕴藏着对立与紧张的因素，所以反而促使各方正在推进合作，进行化解对立的努力。正因为现在与周边国家有围绕着尖阁（即我钓鱼岛——译者注）、竹岛（韩国称独岛）、北方四岛（俄称千岛群岛）的对立，所以，日本是应该迈出与中国、韩国，还有俄罗斯进行"和解"的步伐的时候了。

全球化时代的亚洲区域联合 》》》

在欧洲,包括纳粹大屠杀死亡的 600 万人,造成超过 3000 万人牺牲的第二次世界大战结束后,经过了大约 5 年的时间,以"法德和解"为安定与和平的象征,欧洲各国为了消除长年成为引发战争原因的能源冲突,"欧洲煤钢共同体"得以被提倡和设立,并于 1957 年通过罗马条约的签订实现机制化。只不过"法德和解"同时带有作为西欧同盟与苏联对抗的背景。

在谈到令人感到沉重的日中韩历史的时候,可以列举日本犯下的南京大屠杀和吞并韩国的罪行。老话说,一个人的死,可以写篇剧本,而如果死了一千个人的话,就成了冷冰冰的统计数字了。将人的死亡作数字比较,是件让人的心灵受到巨大创伤的艰难的工作。即便如此,二战期间欧洲与亚洲的死亡人数相差如此悬殊,还是令人吃惊。南京大屠杀的死亡人数,按中方的数字是 30 万人,而按日本方面的主张,则是少得多或根本"没有发生"。我们无法对"没有发生"的主张作数字对比,但即使如此,依然有 600 万人,也就是中国主张的南京大屠杀死难者的 20 倍的人们,死于纳粹的集体大屠杀。

尽管如此,战后仅十几年,西欧就以"和解"的姿态,将清算了法西斯罪行的德国接纳为西欧同盟的一员。在这个过程中,尽管存在着没有德国法西斯的受害

第三章　成长中的亚洲的区域合作战略

当事国波兰和以色列参与交涉的重大缺陷,但毕竟对纷争状态作了"修复"。所谓"和解",就是摆脱纷争,构筑和平。

欧洲的和解,是分三个阶段加以实施的。第一阶段,通过"法德和解",欧洲接受了德国。其结果就是,德国发挥了作为欧洲经济火车头的作用;第二阶段,制定法德统一的历史教科书,即法德在对历史的认识问题上取得了共识;第三阶段,通过法德百万人交流计划和家庭留学计划的实施,培养了众多的、相互间认同法德文化与传统的年轻人,使他们参与了形成自我同一性的过程。

日中韩之间,除了朝鲜战争时期,在战后的65年间尽管没有发生双方之间出现人员死亡的冲突,可是现在依然不能实现和解。确实,"要想实现和解,日中韩之间有着过于沉重的历史",这是事实。但是,假如真是那样的话,为什么欧洲会在发生了(人数上)超过亚洲的德国纳粹的集体大屠杀,而且战争幸存者的伤痛尚未愈合、死者的尸骨依然历历在目的仅仅十年之后,就实现了"和解"?面对欧洲为何能够实现"和解"的事实,我们就更有必要在比照欧洲对沉重的历史的认识的基础上加以思考。

冷战终结后开始着手的德国与波兰、俄罗斯与波兰

全球化时代的亚洲区域联合

的和解,其困难性与亚洲相似,而且同样复杂和令人感到沉重。因为德国在向波兰就奥斯维辛集中营大屠杀事件进行谢罪的同时,也对战后居住在中、东欧的德国居民被强行驱逐的行为表示抗议并要求赔偿。对此,波兰方面舆论哗然。(这里本来就不是德国人的土地,怎么会认为德国人是被从中、东欧驱逐出去的呢?)还有,为了弄清俄罗斯与波兰之间"历史空白"的真相,在发掘"卡廷森林事件"的历史事实的过程中,2010年,为了凭吊卡廷惨案死难者,当时的波兰总统在飞赴卡廷时,因天气恶劣(?)飞机失事,波兰总统与同机的卡廷惨案死难者家属全部遇难。事件当事人双方的伤口至今难以愈合。

这些想必是可以证明相互间在没有建立信赖关系时,要想和解是相当困难的例子吧。

巴尔干地区对立各方对历史辅助教材的编写,或许可以成为日中韩值得借鉴的经验。

在巴尔干,冷战终结后爆发了冲突,持续了十年以上的杀戮难以得到制止。正是在冲突最为激烈的时候,作为"和解"与共存的尝试,各方对"共同的历史辅助教材"编写作了努力(据日本东京大学名誉教授柴宜宏的研究)。首先出版英语版本,然后翻译、出版成了各自的母语版本。价值观相互对立的巴尔干各国共同的历

≪ ≪≪ 第三章 成长中的亚洲的区域合作战略

史辅助教材的编写之所以成功,其背景在于对各国历史的记述采取了"平行记载"的方式。首先,了解对方国家是如何教授历史的。其次,在此基础上进行自由的争论。能够达到如此共识的话,那么"和解"所具有的意义则是极其重大的。不能因为相互间认识上的对立而将问题的解决向后推脱,正是在产生对立的时候,才有"从承认对方的存在"为开端进行交流的必要。

历史问题是可以克服的。最近几年,对于亚洲在历史认识问题上的对立,(相关方面与人士)正在思考对策。日中韩的和解肯定会成为亚洲经济发展的关键。这个问题,现在就应该开始着手解决了。

2010年,笔者发表在日本报纸朝日新闻《观点》栏上的《日中和解与东亚共同体》一文,被《国际先驱论坛报》以"日中和解是统和亚洲的关键"为题作为新闻稿件加以转载。只有日中韩的和解才是实现亚洲大同的关键,只有亚洲的大同,才能创造亚洲的繁荣。

和解的目的,是为了实现相互间基本的和平、安定与共同成长和发展。日中韩的和解将成为亚洲和解的关键,其影响将是广泛的。从经济利益、经济战略、非传统安全领域的合作关系,或者是日本财务省正在研究的金融合作问题,直至一般市民的心理,总之,所有的方面都与日中韩有关联。

全球化时代的**亚洲区域联合** »» »

如果说到领导权问题，日中间不要争霸。东盟坐在驾驶员的位置，日中韩给予支持应是基本形态。区域合作，应该是小国带头，大国予以支持才能够和平、稳定地推进。因为一旦过于显露大国（霸权）的存在则会失败。

只有日中韩的和解与合作，才能够克服亚洲的"面包圈"现象，也是对以东盟为基础的亚洲经济发展的强有力的支持。

中国将成为推动亚洲经济增长的核心动力，日本将成为金融的合作中心。将日中韩三国撮合在一起的会是韩国吧。东盟＋日中韩共同发展，日本可以在亚洲担任德国在欧洲扮演的角色。只有和解，才有双赢的基础。

和解的步骤是，不要互不服气，要从现有的相互之间的关系开始，一步一步地向前推进。

所谓的"和解"，应该是经济的共同化，文化的相互交流，进而是政策制定者与国民双方的"共同理解"。

2011年5月23日，中、韩首脑访问日本地震灾区，吊唁遇难者，慰问灾民，表示要在防灾和对应自然灾害方面加强合作。日本各大报纸的上午版都对此进行报道。这是一个巨大的"和解"。

不需要做些什么特别的事情，但是可持续性（Sustainability）是必要的。

‹‹‹ 第三章　成长中的亚洲的区域合作战略

战后，欧洲在造成了数百万人死亡的奥斯维辛集中营等战乱地区，反复进行和解活动。亚洲也应该加以仿效，有必要在政治领导人、经济界、官方、学会以及市民等各种层次，在广岛、南京，或者在尖阁（即我钓鱼岛）、竹岛（韩国主张的独岛）、北方领土（俄主张的千岛群岛）等地，反复进行凭吊、相互让步、和解的活动。

就像对震灾的受害者所表达的那样，执政者和市民（在历史问题上）持续不断地表达自己发自内心的悼念、慰问以及行动，难道不是比政府的正式谢罪和战争赔款更加重要吗。

2010年8月，联合国秘书长潘基文以及作为美国总统奥巴马代表的美国驻日大使鲁斯首次出席了广岛的和平纪念仪式，献花表示哀悼之意。这是一个很大的"和解"行动。

2010年是日本吞并韩国100周年。日本早稻田大学的李成市教授说过，在历史问题上，韩国的民族派（保守派）与日本的左派是一致的。这想必是让人深感兴趣的事实。

即使面对战争以及侵略、吞并的客观事实，要想让战争的胜利者与失败者拥有相同的历史认识几乎是不可能的。另外，战争还会分别在战胜国和战败国当中制造出胜者与败者的隔阂。即使（通过交涉或许）能够得到正式谢罪，但要想让双方（在历史问题上）达成共识则是难上加难。

但是，却可以共同凭吊战争死者、共同感受战乱带来的痛苦、共同谋求谅解和补偿。另外，平行记载战争双方对历史的记述，通过讲解双方对历史记载的异同，可以对对方的痛苦和问题点，或者对造成侵略行为的原因进行思考。

在此基础上，有必要跨越历史隔阂在年轻人中培育对历史的共同认识。日本文部科学省力争实现的、接替1983年10万人留学生计划而制定的2008年接纳30万人留学生计划是很重要的。今后，日本不仅是接纳，而且应该向海外派出更多的留学生。10万人、20万人规模的国家间年轻人的相互交流，将孕育出下一代人之间的"共同的自我同一性"。

在2011年5月的日中韩峰会上，三国领导人对在2015年，将三国的人员交流规模扩大到2600万人的目标表示支持（据当时日本菅直人首相5月22日的演说）。

效仿此次中国、韩国首脑对日本地震灾区的访问、吊唁和慰问活动，不仅是日本的首脑，而且包括各界、各级政府，与（受害国）共同感受痛苦，持续的进行凭

≪≪≪第三章　成长中的亚洲的区域合作战略

吊、慰问交流活动，才能成为精神上"和解"的一步。

应对世界性金融危机——金融危机时的互助

自 2009 年爆发世界性的金融危机以来，步美国后尘，欧盟经济也乌云压顶。曾几何时，始于泰铢的金融危机，曾经导致亚洲的一些国家也有过经济长期停滞的经历。

雷曼危机以来，欧盟货币危机显现，发生了葡萄牙、爱尔兰、意大利、希腊、西班牙即 PI（I）GS 欧猪四国的经济危机。欧元与美元同步大幅贬值，其结果促成了德国经济触底回升。当欧洲经济圈内同时出现经济危机国家与相对安定国家这种两极分化局面的时候，由于在经济安定国家内部，出现了反对对遭遇经济危机的国家进行援助的声音，使人们感到欧盟成员国内部对推进区域一体化进程出现了犹豫。难道金融一体化真的能给区域经济带来不稳定的因素吗？和一国独立的金融体制相比，究竟哪个更有利呢？

2009 年笔者出席欧盟欧洲委员会顾问让·莫内主持的 ECSA Wold 国际会议之际，正是希腊的金融危机最严重的时刻。当时我推测，想必欧洲委员会的头脑们会垂头丧气吧，但实际上，我看到的情景却完全相反。欧盟的相关人士指出，之所以会有这种推测，是因为日

全球化时代的亚洲区域联合 »»»

本媒体对欧盟的否定性报道写得太过分了。2009年，德国经济开始复苏，经济增长平稳，失业率下降，财政状况也得到改善（据德累斯顿联邦财务省2011年8月数据）。而现实是，在此之后，欧洲的经济危机依然在扩大。从2010年到2012年已经波及全欧洲。不过，经过德国及欧盟其他国家的努力，南欧的经济已经有所恢复。

自2009年末里斯本条约批准生效以来，欧盟制定了从2010年至2020年的十年发展目标。正如前面讲到的，2000年发表的里斯本宣言，当时面对欧洲的经济停滞与亚洲经济增长的状况，欧盟提出从2000年开始至2010年用10年的时间摆脱欧洲悲观论，进而成为世界最大的金融中心的目标。现在，这个目标得以提前实现。今后10年间扩大化的欧盟面临的课题是，保持进一步的经济增长，实现就业战略，强化教育和对年轻人的培养。特别是要重视教育，通过技术革新促进经济发展和区域一体化。通过教育，使年轻人活跃于各种场合，进一步发挥欧盟的作用。

欧盟有关人士曾经说过，如果没有欧盟的话，面对信用危机，希腊早就破产了，意大利和西班牙也不会找到经济复苏的途径。应该说，与欧盟团结一致支援希腊相比，不具备类似的这种区域合作有利条件的日本，处

第三章　成长中的亚洲的区域合作战略

境难道不是更危险吗？

当然，这番话里多少有些欧盟官员不服输的成分，但尽管如此，（像欧元这样的）区域货币能够长期保障经济的安定成长与繁荣，却是毫无疑问的。希腊也好，西班牙、意大利也罢，都非常清楚，一旦脱离欧元区，本国的经济根基将会动摇并难以为继。

说起来，已经是过了一段时间的事情了。也就是在2010年11月召开的关于东亚共同体的国际会议上，亚洲开发银行的河合正弘所长讲了一段意味深长的话。尽管有点长，但我还是想在此加以引用。

"如果有人问，创建东亚统一货币可能吗？就会有不少人说，白浪费时间，不可能。

可是反过来问，如果现在不谋划东亚统一货币，会怎么样呢？

2030年之前，中国的经济规模将与美国并驾齐驱。美元在亚洲的作用将衰退，人民币的影响力将得到扩大。甚至会出现东盟、韩国从盯住美元汇率变更为盯住人民币汇率的可能性。现在不谋划亚洲的统一货币，就是对不远的将来出现的盯住人民币汇率的可能性视而不见。也可以想象得到，到了那个时候，日本固守日元，或许可以像英国、瑞士那样生存下去。但不同的是，当初英国作为世界性的帝国，曾经拥有广大的殖民地，而且拥有作为世界性货币的英镑,并据此造就了金融城(City of London; Square Mile),从而使得英国获得了今天的国际地位。而瑞士呢,则拥有获得了世界性高度认可的、安定的金融体系。

日本因为拥有国际货币的日元,所以尽管可以发挥亚洲银行的作用,可是,当人民币经济圈扩大的时候,则难以想象日本能够成为亚洲的英国或瑞士。为了不被淘汰,日本需要与亚洲其他国家走到一起,创建一个共同的货币机制,形成一个长期性的日元、人民币、韩元的经济圈,并在将来与东盟实现经济一体化。"

正如法国的某篇新闻报道具有代表性地指出的那样,照现在这样下去,日本有可能成为"东方的瑞士"。也许会有相当多的人说,这不是也很好吗?但是,正像河合氏所指出的那样,在东盟、韩国受到人民币经济圈影响的过程中,立足于亚洲经济圈的日元,也许并不能获得稳固的地位。所以,即便为了在亚洲一体化的过程中,使日本不致成为陷于孤立的"瑞士","现在应该做什么"的课题,也已摆在了日本面前。

对能源问题的思考——走向经济制度化的途径

关于欧洲的制度化建设,在此想就其中的两个问题作些探讨。

第三章　成长中的亚洲的区域合作战略

一个是以欧洲煤钢共同体、原子能共同体为代表的，从构筑类似的能源共同体合作框架开始起步，并逐步扩展成为欧盟的制度化建设。

另一个是冷战终结后，作为加盟条件欧盟课以中、东欧国家的31项法律条款（哥本哈根标准）。

欧洲的制度设计与法律一向被认为是严丝合缝的。

欧洲实行以首脑会议、部长理事会以及欧洲委员会（行政）、欧洲议会（立法）、欧洲法院（司法）为代表的三权分立体制。另外还设有经济委员会、欧洲中央银行（ECB）、欧盟审计院等机构。其中，亚洲在体制建设方面与欧盟相当的，有首脑会议、部长理事会和各种委员会。而时至今日，在亚洲区域内部根据行政、立法、司法的主权分割以及中央银行、审计院等机构还没有到发挥作用的阶段。此外，亚洲将要面对的还有，例如欧盟对于新加盟国家，课以多达31项的涉及政治、经济、法律领域的达标标准，以及内容多达8万页的欧盟法律要优先于加盟国法律之类的课题。也就是说，新成员国如果能够达到这些标准，则允许其加入欧盟，但这种方式在亚洲怕是行不通的。亚洲的现状，只是将取得较大进展的清迈倡议如何推广、适用于全亚洲这一初级层次。

但是，换个角度看，从经济层面上说，如果将日本的加拉帕戈斯现象另当别论的话，那么，在全球化的形势下，尤其是在大陆国家间，其实正在进行促进产品规格的统一和标准化方面的磨合。

冷战终结、进入21世纪后，欧盟开始制订、实施周边国家外交政策，强化与欧盟以外国家和地区的关系，尤其重视与非洲、以俄罗斯为首的独联体各国，以及高加索等中亚各国的关系。欧盟开始着手与不同体制国家间的经济以及能源合作。

经历过3·11大地震、福岛核电站泄漏事故后，对于日本、对于世界来说，今后如何应对能源与环境问题，是个刻不容缓的课题。

那些建在地震带上的日本的核电站，在安全得到确认之前，日本至少应该冻结建设新的核电站，同时停止运转危险陈旧的核电站。对由此引发的电力不足，日本在短期内应该依靠化石燃料、火力、节能加以应对，长期性的对策则有必要向太阳能、水力、生物质能等可再生能源方面转换。

比应对地球气候温暖化更重要的，是无论如何首先要重视面向人与自然的安全，有必要通过狭义、广义的区域合作探讨能源问题。

今后，区域性的能源协作关系、环境问题上的相互合作将会变得非常重要。这是因为只有能源问题、环境

◁ ◁◁ 第三章　成长中的亚洲的区域合作战略

问题才是与地区和国家利益密切相关的。

1994年在印度尼西亚茂物总统府召开的APEC峰会上，强调强化经济合作，发表了旨在促进贸易投资自由化，促进实现自由、开放贸易和投资的《茂物宣言》。之后，1995年的《大阪行动日程》、2005年的《釜山路线图》，使得茂物目标得到了完善和强化。

令人深感兴趣的是，在《茂物宣言》中，我们看到了超出单纯的经济合作层次的、将经济合作加以制度化以及建立统一标准的动向。

例如，在《大阪行动日程》中，作为执行茂物目标的一般原则，列举了全面性、与世界贸易组织（WTO）协定一致性、可比性、非歧视性、透明性、稳定性、同时启动？持续进程与不同的时间表、灵活性、合作、相关性、进步性和有效性等等。在15个具体领域中，提出了与欧盟扩盟时的加入标准31项条款非常类似的条款，成为FTA或者EPA的执行目标。

再有，通过《釜山路线图》可以看出，与茂物目标进展的中期报告相关，作为今后的重点领域，多边贸易体制、集体行动计划、高水平的自由贸易协定、贸易便利化、促进中小企业发展、保护知识产权、投资的透明性、反腐败、保障贸易安全、推进结构改革等各种重要议题，都已突破了经济体制异同的界限，被提上了日程。

稳扎稳打，先易后难

前面谈到的茂物目标、大阪行动日程、釜山路线图，其引人注目的是，曾经被认为在制度化建设方面没有什么进展的亚洲，实际上已经开始了针对吸纳新成员国时对制度化和标准化等规则的制定。这与欧盟接纳新成员国时采用的、内容多达 31 项的哥本哈根标准非常相近。

在这个开始"制度化"建设的过程中，我们注意到了一个重要条款（方法）。这就是所谓目前做不到的可以先不做，也就是被称作"探路者（Pathfinder）"的条款。制度化建设的过程可以像是慢步前行的"探路者"。所谓的"探路者"，就是不要求全体成员都做到，做不到也没关系，也就是协调一致的、单边的自由化。这是一个非常有意思的探索。

如果不想加入某个制度，那就可以不加入。在制度化建设上要求非常严格的欧洲，也存在着类似的思维，也就是所谓的"选择退出"。

前东欧各国加入欧盟之际，要将严谨的、多达 8 万页的欧盟法律适用其所有的国内法，要履行非常苛刻的程序。可是，即使是如此严格的欧盟，也有承认成员国

第三章 成长中的亚洲的区域合作战略

可以不加入某种制度的"选择退出"规定。例如,英国没有使用欧元,也有些国家没有加入保障人员、货物、资金、服务自由移动的《申根协定》。尤其是最近几年,由于东、西欧之间的经济与制度差距,出现了容忍两种速度、两元机制的声音。即在欧盟内部可以有不同的发展速度,也可以容忍制度和社会的多元化。

形式上更加松散的"探路者"方式,已经出现在亚洲的区域合作路线图中。成员国能够做到虽然好,但要求都做到、全体步调一致并不是唯一的条件。例如在2008年12月生效的东盟宪章中提到民主化以及自由化时,万一当中国等还没有做到的时候亦不加以排斥。这显示了某些成员国还没有做到的时候可以等待,直到做到为止,而不在共同活动中加以排斥的姿态。

根据这种原则,可以先从可行的方面着手推进制度化的建设,但不排斥暂时做不到的国家或领域。协议不应是排外的(exclusive),而应该具有包容性(inclusive)。为达成的协议留有余地,这一点,无论对欧洲还是亚洲,都是相当重要的。

以目前的东盟加中日韩的经济框架为基础,通过逐步实现茂物目标或者大阪行动日程、釜山路线图的所定目标,形成以10+3、10+6为核心,推动包括10+8、10+10、亚太经合组织、东盟地区论坛的多重框架发挥作用。

日本应该推进与中国和东盟在经济框架内的合作关系。在安全层面，比如利用亚太经合组织、东盟地区论坛，创建尽可能不与中国对立的共同框架。有些时候，也可借助亚欧会议的力量，创建来自欧洲和亚洲的文化方面的共同框架。可以说，目前有必要推进上述这些按功能划分的多重的制度化建设。

尤其希望能够向亚欧会议提议的是，创建类似于欧洲安全与合作组织（OSCE）的、使亚洲各国首脑能够就亚洲全体的安全形势进行对话的、或许应称之为亚洲版的安全与合作组织（OSCA）的框架机制。这是因为，意识到自身已经具备牵引世界经济力量的亚洲，现在所缺少的是一个能够进行对话与交流的场所。

在此，不仅是政界和企业界人士，应该动员年轻人和市民也参与其中，只有在下一代人之间形成"亚洲的自我认同感"，才是对未来的投资。

软实力的重要性

年轻人和文化的大同决定未来。（各国应该）消除（相互间的）差距走向共同

在此我想指出引导年轻人参与到区域合作、区域一体化行动中的重要性。世界性的金融危机爆发以来，日

《《《 第三章　成长中的亚洲的区域合作战略

本的经济停滞以及与新兴国家竞争而带来的不利影响，更多地集中到了日本年轻人的身上。在经济全球化的影响下，日本社会中贫富差距的两极分化加剧。一方面，日本年轻人的父辈面临的解雇、减薪危机日益严重，致使在正值壮年却失去工作的五十多岁的人群当中，自杀与忧郁症蔓延。另一方面，二十多岁的年轻人，正处于世界性低劳动力成本竞争的痛苦当中，其工资收入难以维持生活开支。在日本，即使有工作，其收入也难以保障日常生活开支的"穷忙族"日益增加。近年来，与日本相比，在望子成龙的教育热驱动下，中国、韩国的年轻人，在外语、电脑能力、国际性及拼搏精神上更加优秀，而且劳动力成本相对又低，所以更受日本企业的欢迎。根据舆论调查的结果得知，上述那种相互间已成为经济上竞争对手的关系，而同时又处于世纪之交民族主义和排外情绪的蔓延之际，日本年轻人中讨厌中国人、讨厌韩国人、进而讨厌外国人的情绪也有所增加。日本年轻人赴海外留学的人数年年都在减少，2011年只有3.8万人，与中国的50.3万人（2009年统计）、韩国的10万人（2007年）相比，少得可怜。

面对这种情况，人们已经意识到，只有通过加强年轻人之间的交流，才有可能培养出未来能够胜任区域合作重任的接班人的必要性，所以，出现了将年轻人的高等教育,尤其是研究生院以上的教育,由区域内各国共同实施的动向。

第一,像流行文化等这种随处可见的、以年轻人喜好的文化形式为重点进行的草根交流,正在各国间逐渐展开。这是冷战终结后软实力逐步成为主角的结果。

第二,在此状况下,二战后为了促进法德和解,两国推行了 100 万人的交流计划,并由此形成了法德合作的基础。受此启发,日本的文部科学省与中韩政府相关部门共同提出了创建亚洲学园、互派 30 万留学生的计划。

第三,欧盟、南亚区域合作联盟已经分别开始实施伊拉斯莫斯计划和 SAARC 共同大学计划,提出了区域内的大学联合招收大学生、研究生到对方的大学学习,研究彼此的课题,相互授予学位的共同研究计划。在此,笔者倡议日本也务必创建一所类似于欧洲大学学院 (European University Institute EUI) 的亚洲共同研究生院。

以研究生为培养目标,是因为他们马上就可以成为有生力量。对他们的投资,具有能够在专业领域、在政治、经济领域很快见效的好处。另外,通过让二十多岁的年轻人参与思考"欧洲的自我同一性"、"亚洲的自我同一性",在现实中有利于使下一代人形成区域内的自

《《《第三章　成长中的亚洲的区域合作战略

我同一性。

智库活跃的重要性

在本书的最后，作为最重要课题之一，我还想谈一谈在亚洲创建共同智库的必要性。

美国、欧洲拥有各种各样的智库，来自保守派、自由派以及革新派的数千名专家、学者活跃其中。

其实，欧盟本身就是由精英们主导的共同体。比如，不仅在欧盟内部、就是在世界上知名度也很高的让·莫内精英集团和欧洲大学学院等智库，每年的预算达到数亿欧元。笔者也作为其中的一员，每年参加在欧盟召开的欧洲议会的政策讨论会。会议参加者数百人，不分国籍，就欧盟的政策开展活跃的讨论。

在全球化的趋势下，各种问题之间不仅密切相关，并且正在日益变得高度化、细致化、专业化。也就是阿尔文·托夫勒（Alvin Toffler）在《权力的转移》一书中指出的，21世纪不是军事，而是经济实力和知识力量（科技、IT、信息等）的时代。正像日本3·11大地震和福岛核电站事故所揭示的那样，现代社会中人们面临的诸多问题，已经不是仅仅依靠"政治家的决断"就能够解决的了，这是因为现代社会中的问题已经变得更加具有专业性，并且各种问题之间往往相互牵连，相互影响，已经密不可分了。

在小泉执政时期，日本政府对日本学术会议的管辖由总务省移交给了内阁府，这是一个顺应时代要求的必要措施。代表着日本自然科学、社会科学、人文科学界最高水平的学者们，在各自的专业领域进行科学研究的同时，还要关注日本、亚洲、世界的发展动向，要在推动社会进步方面有所作为。这一点，今后将会越发显得必要。出于对学术研究曾经助长了日本的战争行为的反省，战后，日本学术界曾经在参与现实政策的制订方面，与政府和政治保持了距离。但是，对于日本来说，构建对国家政策进行自由的、专业性的讨论、评价机制，没有比现在更迫切了。

像位于佛罗伦萨的欧洲大学学院，或者像南亚区域合作联盟的共同大学那样，如何使亚洲研究生院的学生与教师，相互间能够就亚洲的区域一体化的实现方式与共同发展、解决问题的方法等，从有别于当权者的角度进行无拘束的讨论，并使之形成具体政策，是非常必要的。如果能够在亚洲各国建立不拘一格的智库，那么，这对于推进亚洲的制度化建设和自我同一性的形成，以及各种问题的解决都具有重大的积极意义。

亚洲的未来，寄望于年轻的一代。

结　语

"尽管欧盟遭受了欧元危机，日中韩又处于对立状态，可你为什么还是主张推进亚洲一体化呢？"

这是最近不论是在美国还是日本，针对笔者的研究和演讲，经常听到的提问。

但是，在面向全球化的21世纪，发达国家长期性的衰退和新兴国家的崛起这个主要趋势，是个本质性的问题。短期内，欧盟看上去也许会非常麻烦，但换个角度来看的话，美国、日本则面临着更加严峻的危机。而日中韩之间目前的对立，正是因为亚洲处在将要超过欧美、将要站在世界顶峰之际，所以才会（按照欧美的意愿）发生。也就是说，在全球化趋势下，所有的"发达国家"，正在受到来自新兴国家竞争的挑战。出于对权力转移（Power Transition）的恐惧，（美国才起劲地）

煽动日中韩对立。我们不应上这个当。

媒体虽然几乎没有报道,得益于欧元下跌和欧洲一体化的推动,实际上,德国经济已经实现了令人惊异的触底回升。正因为如此,德国才会被要求对处于危机当中的欧洲经济进行救济。正像研究欧盟经济的专家田中素香所指出的那样,其实希腊在加入欧元之前,其债务上的问题就已经存在了,只不过是在欧盟上下对希腊进行救助时,才使得那些被希腊刻意隐藏下来的问题得以被发现。但欧盟也认识到,只有帮助欧猪四国渡过难关,欧盟自身才能够在世界性的竞争中得以幸存。日本当年对亚洲经济危机不闻不问,以至亚洲经济迟迟难以得到恢复。欧盟的教训,正是来自当年日本的这一苦涩经历。

长远地看,发达国家避免被淘汰的途径,就是走基于区域一体化的共存之路,即与亚洲的区域间合作的共存之路。正因为如此,欧盟于上世纪 90 年代,在发达国家经济停滞不前、亚洲国家经济蓬勃发展之际,通过完成欧洲一体化和扩大化,使经济得以恢复,GDP 超过了美国(对于这一点,媒体几乎也没有报道)。

另外,美国现在也开始强调自己是经济正处于高度成长中的亚太地区的一员,开始热心于事关美国未来的区域合作战略,其推行 TPP 的目的也在于此。

结　语

笔者确信，经历了3·11大地震的日本，在探索如何实现复兴之际，积极参与亚洲区域一体化建设并与世界共同进步，是日本应该采取的最重要的方针政策。

长期以来，笔者对从哈布斯堡王朝的民族、国家、势力划分、民族主义和社会变革、联邦制，到对冷战终结前后的欧盟和东亚的区域合作的历史进行了研究。

也就是说，笔者将何谓民族与国家，如何通过促使具有多彩性格的各个不同的区域之间进行重组，才能实现社会幸福与繁荣，在欧洲，在亚洲，什么是通向幸福与繁荣之路等课题，作为毕生的研究方向进行了探索。这类问题，传统概念上的"国家"曾经给出过答案。但面对当今世界的变化，国家已经难以继续发挥其传统概念上的作用。这是因为，在很多场合，国家已经将其部分权限让位于地方政府或超越国家主权的区域（国际）组织。当今的世界，诸如环境保护、自然灾害、经济甚至老年人护理以及谋生、年轻人就业等问题，离开了跨国境的人员、货物、资金以及信息的自由流动，都已无从谈起。

在向欧洲学习包容性、多民族的区域一体化经验的同时，每个人都有责任对在不远的将来，在全球化趋势下实现东亚区域一体化的问题进行思考。

显然，21世纪是亚洲的时代。在亚洲，已经有了在数量上超过了欧洲,而且正在发挥作用的区域一体化组织和协作关系,亚洲已经实现了超过欧洲、美国的高速经济发展。

目前,亚洲面临的最大课题,就是如何使现有的、各种各样的区域一体化组织、"小范围·多数量"的区域合作机制,作为非排他、包容性的而且是宽松的统一体,为确保亚洲的成长战略和实现人类的和平、安定与繁荣,进而消除贫富差距而发挥作用。

发展战略在2010年召开的横滨APEC上首次被提及,《APEC领导人发展战略》主要包括:①均衡增长;②包容性发展;③可持续的发展;④创新发展;⑤安全的发展。但是,鉴于日本此次遭受的地震海啸灾害及核电站泄漏事故,所以,笔者认为还应该加上一条,这就是人与自然的和谐,即人类与地球的长期友好相处。对于区域社会的各个方面来说,建立"人类与自然友好相处"的双赢战略,是不可或缺的。

关于推进区域一体化进程中的机制化问题,即使是欧洲经济共同体本身(EEC),也是先从煤钢共同体着手,经过十几年的磨合,才终于缔结了罗马条约。至于涉及欧盟政治层次的机制化建设,实际上是在1991年12月草签了马斯特里赫特条约之后了。亚洲也可以先以经济合作为中心议题,以自愿的方式,从非传统的安

结 语

全领域、应对自然灾害的"防灾共同体"等方面展开合作,逐步推进机制化建设。

在推进机制化方面尽管没有必要急于求成,但应该对《茂物目标》、《大阪行动日程》、《釜山路线图》、《清迈倡议》等逐步加以落实。在推进以标准化为宗旨的经济一体化的同时,将已超过10个、亚洲的各种组织纳入到一个宽松的网络中来。作为能够让亚洲所有国家进行磋商的机制,创建亚洲版的安全与合作组织,是非常重要的。我们可以将这个组织称之为亚洲峰会。在目前的情况下,可以从防灾减灾的议题开始进行这种尝试。

在国际亚洲共同体学会及WTO论坛研究会的会议上,有人谈到,产品规格的标准,今后将会变得非常重要。所以,日本需要摆脱加拉帕戈斯化体质,对此加以应对。可以从经济上必不可少的、规格的制度化、标准化等方面开始着手,由亚洲主导各种标准化的制定,我想把这一点也作为亚洲需要努力的目标之一。

宽松的、丰富多彩的地方区域主义特色(Localism)是亚洲的优势。这个优势,被定位于"边境开放的交流场所",作为地方区域的协作舞台,不仅存在于东亚、东南亚及南亚,也不仅存在于大陆,而且存在于阻断国与国之间的海洋与河流。

按照这种认识,冲绳、北九州、新潟、北海道、

全球化时代的亚洲区域联合 》》 》

ASEAN、湄公河区域等等,都将成为开放的地方区域合作的窗口。而且,在更大的范围,将连接起亚太的区域间协作。

全球化时代,没有必要将地方区域主义的利益只局限于狭隘的区域集团内。这是因为,今后像 APEC、ASEM、TPP 等等这种跨洲际的区域间合作,都将成为重要的合作舞台。为此,我们现在就有必要将 ASEAN、10+3、10+6 的核心部分及智库加以强化。

亚洲的制度化、法制化建设,其速度被认为是最慢的。但是,在中小企业众多的亚洲,其地区与地区之间的关系,不论是从经济框架来说,还是从宽松的安全问题框架来看,都已超出国家之间的范畴,像密布的网络一般,相互之间有着密切的联系。一般概念所说的①全球的、②广义的区域、③国家、④狭义的区域、⑤公民、⑥移民等六个涉及主权的、多层次的架构,已经或是从中层,或是从下层,自下而上地开始形成。可以说,这才是真正的亚洲。

由于头上套着日美同盟和与中国在历史认识问题上和解之难的紧箍咒,所以日本对参与到连美国、欧盟都被吸引了的、具有世界性竞争力的亚洲经济圈的框架中来,一直踌躇不前,这令我感到非常可惜。

与欧盟成员国相比较的话,日本不要使自己成为亚

结 语

洲的瑞士，至少要学学英国对待欧盟那样，先加入到这个框架中来，然后成为拥有选择余地的区域合作参与国，应该是可以的。再进一步的话，像德意志联邦银行（德国央行）成为欧洲央行那样，难道日本银行（日本央行）就不能成为安定的、成长中的亚洲统一货币的中心吗？近一段时间，以日本的财务省、国际货币研究所乃至日本一些大学的相关机构为中心，正在推动这个构想。本人也希望花上10年的时间实现这个愿望。

亚洲的区域一体化，早晚会在未来的10年至20年内得以实现。

与此相关，为使日本能够与亚洲各国的人们，尤其是与年轻人在这条道路上共同前进，那么，在全球化的浪潮中，通过由政界、官方、财界、学校、市民及年轻人组成的五角形乃至六角形的网络化的协作，则是必不可少的。同时，妇女的力量也很重要。联合各种已经存在的并正在发挥作用的、多层次的亚洲区域统一体，并使之得以持续的发展与繁荣。希望一个媲美欧盟的、以亚洲人民为主体的宽松、安定的亚洲区域共同体，务必要在我们的手中得以实现。为此，建立一个促进作为亚洲核心力量的日中韩之间消除对立、共同合作的框架尤为重要。

鸠山内阁辞职、菅直人内阁诞生之际，日本超党派的东亚共同体议员联盟也成立了。但自民党在大选中取得压倒性的胜利重新上台后，"东亚共同体"构想在日本严重倒退。不过，在日本财务省的推动下，2012年日本和中国开始了日元与人民币的直接兑换，同时效仿"两岸经济合作架构协议（ECFA）"，日中韩三国之间也于2013年启动了FTA谈判。实现亚洲统一的区域框架以及一揽子方式的统一货币框架或许已经为期不远了。

2015年，东盟将开始政治一体化进程。还有，APEC、ARF、ASEM以及会员不断增加的TPP，作为各种各样的"地区间合作"的组织，归根到底，都会横跨亚洲、北美洲、南美洲向前推进。日本必须要具备对其进行应对、折冲，驾驭的能力。

只有与亚洲的区域一体化活动保持合作，日本的经济以及社会才能够获得新生。

以不让政治及历史的记忆成为障碍的方式，日本应该以自己擅长的经济领域，以及亚洲现存的组织机构、框架为基础，吸纳年轻人，推进并促成一个充满活力的亚洲联合会议。这是我发自内心的一个愿望。

关于亚洲一体化的前景，我相信在不远的将来，人们就能够看到一个发展与繁荣的亚洲。2015年至2020年，当日益走向繁荣的亚洲经济圈成为世界第一的时

结 语

候，日本不应当处于孤立的位置。在贫富差距明显的亚洲，消除这种差距，同时也要对境遇艰难的年轻人和城乡的贫困人群表示关心，从生活救济以及自立等方面对他们提供保障。还有，在动辄就容易产生社会动荡的亚洲，通过日本的参与，使稳定与和平得到保障等等，对日本来说都是重要的课题。

以共同推进亚洲的经济发展为基础，共同防备自然灾害，强化防灾体制，进而消除相互间的敌对情绪，实现和解战略。瞄准亚洲各国年轻人的未来，进行学术、文化交流，稳妥地推进制度化建设。始终将自然、科学、人类的和谐共处放在第一位。

为了持续的、长远地实现上述目标，在联合周边各国并借助年轻人的力量开始行动的时候，没有比灵活地运用亚洲宽松而且多样化的区域合作组织更合适的途径了。亚洲这种宽松而且多样化的区域合作组织，将是21世纪区域合作的典范。

参考文献

Bibliography

APEC: *held in Japan and future development of regional trade framework*, Ministry of Economy, Trade and Industry of Japan (METI), WTO Forum, July 2010. (by Deputy Director — General, Makoto Shiota)

Aris Stephen, *Eurasian regionalism*, *the shanghai cooperation organization*, Palgrave, Macmillan, 2011.

Asia and Europe in globalization: continents, regions and nations, *social sciences in Asia*; Brill Academic Publishers, 2006.

Asian economic development and the collaborative relations among EU, Asia and Japan. Ed. by Kumiko

参考文献

Haba, Szerdahelyi Istvan, Brij Tankha & Wang Min, Aoyama Gakuin University, 2012.

Asian regional integration and the institutionalization comparing Europe and Asia, Ed. by G. John Ikenberry, Yoshinobu Yamamoto & Kumiko Haba, Aoyama Gakuin University, Shoukadoh, Kyoto, 2012.

Balassa, Bela, *Theory of Economic Integration*, Routledge, 2012 (first 1962).

Citizens and the state: attitudes in western Europe and East and Southeast Asia, *Routledge innovations in political theory*, Ed. by Takashi Inoguchi, Routledge, 2007.

Civil society and international governance, Ed. by David Armstrong, et al., Routledge, London and New York, 2011.

Collins, Stephen D., G Terman *Policy—making and eastern enlargement of the EU during the kohl era: managing the agenda?* 2002.

Countdown to Copenhagen: big bang or fizzle in the EU's enlargement process? Danish Institute of International Affairs, 2002.

Dent, Christopher M., *East Asian Regionalism*,

Routledge, London and New York, 2008.

Development, Democracy, and Welfare States: Latin America, East Asia, and Eastern Europe Stephan Haggard Robert R. Kaufman (2008/9/29)

The East Asian community considering from the international politics, Ed. by Yoshinobu Yamamoto, Kumiko Haba, and Takashi Oshimura, Minerva Publishers, Kyoto, 2012.

East European transition and EU enlargement, A quantitative approach, Wojciech W. Haremza, Krystyna Strzala (eds), Physica—Verlag, 2002.

The end of the cold war and the regional integration in Europe and Asia, Ed by Robert Frank, Kumiko Haba and Hiroshi Momose, Aoyama Gakuin University, 2010.

The enlargement of the EU toward central Europe and the role of Japanese economy, Ed. by Kumiko Haba, Palankai Tibor, and Hoos Janos, Aula, Budapest, 2002.

Enlarging Europe: the industrial foundations of a new political reality, John Zysman and Andrew Schwartz, University of California at Berkeley, 1998.

《《《参考文献

Europe and Asia beyond East and West, Routledge, European Sociological Association, Palgrave Macmillan, 2008.

European Union Identity Perceptions from Asia and Europe, Rain Jessica, *Transformation and Regionalization in Greater Asia*, 2007.

Fifty years Rome Treaty and the EU—Asia Relations, Ed. by Chong—ko Peter Taou, Tamkang University, Taiwan, 2008.

From reform to growth: China and other countries in transition in Asia and Central and Eastern Europe (Documents), Chung H. Lee, East—West Center.

The Future of NATO Enlargement, Russia, and European Security, Ed. by Charles — Philippe David and Jacques Levesque, Montreal& Kingston, 1999.

Global Multilateral Governance Europe and East Asia, United Nations, 2007.

Haba, Kumiko, "*Nation, region and nation state reorganization in modern central Eastern Europe——what is nations?*" historical review, 1994. 3.

Haba, Kumiko, *Nationalism question in the integrated Europe*, Kodansha Shinsho, 1994 (7th ed.

2005)

Haba, Kumiko, *Enlarged EU and grope of Central Europe*, Iwanami Publisher, 1998 (4th ed. 2005)

Haba, Kumiko, *Globalization and the European Enlargement*, Ochanomizu Shobo, 2002 (3rd Ed 2008)

Haba, Kumiko, *Challenge of the enlarged EU——will it become a multilateral power beside the USA?* ——, Chuo Koron Shinsha, 2004. (2nd ed. 2006)

Haba, Kumiko, Akio Komorida, Soko Tanaka ed., *Eastern Enlargement of the Europe*, Iwanami Publishers, 2006 (2nd ed. 2007)

Haba, Kumiko, "*The Lesson of the Enlarged EU and the East Asian Community*", Foreign Affairs, Takusyoku University, June 2007.

Haba, Kumiko, *The Asian Regional Integration in the Global Age, The Relation among the US－China－Japan and the Trans－Pacific Partnership (TPP)*, Iwanami Publishers, Tokyo, 2012.

The idea of a United Europe; political economic and cultural integration since the fall of the berlin wall, Ed. by Jamal Shahin and Michael Wintle, St. Martin's Press, 2000.

参考文献

Is it possible to make the East Asian Community? Tokai University, Shakai Hyoron Sha, 2006.

Izaka, Hitomi K. C. Fung, Alan Sui, "*FDI and Intra — East Asian Trade: Are there source country differences?*" Hong Kong — Taipei — Tokyo Trade Conference, City University of Hong Kong, 2011. May.

Kaldor, Mary & Ivan Vejvoda, *Democratization in Central and Eastern Europe*, London & New York, 1999.

Kupchan, Charles A., *The End of the American Era: U. S. Foreign Policy and the Geopolitics of the Twenty—First Century*, New York, 2002.

Labor, Employment, and Social Policies in the EU Enlargement Process, Washington D. C., 2002.

Lisbon European Council 23 and 24 March 2000, Preparing the Transition to a Competitive, Dynamic and knowledge—based Economy, http://www.europarl.europa.eu/summits/lis1_en.htm#b

Maddison, Angus, *Contours of the World Economy, 1—2030 AD, Essays in Macro—Economic History*, Oxford University Press, Oxford, 2007.

Munch, Wolfgang, *Effects of EU Enlargement to the Central European Countries on Agricultural Markets*, Pieter Lang, 2000.

Nakano, Takeshi, *TPP destroys Nation State*, Shueisya Shinsho, 2011.

National and European Identities in EU Enlargement, Views from Central and Eastern Europe, Ed. by Petr Drulak, Prague, 2001.

The Regional Integration and Institutionalization comparing Europe and Asia, Ed. by G John Ikenberry, Yoshinobu Yamamoto, and Kumiko Haba, Shoukadoh, Kyoto, 2012.

The Regional Integration in Asia and Europe: Theoretical and Institutional Comparative Studies and Analysis, Ed. by G. John Ikenberry, Yoshinobu Yamamoto, and Kumiko Haba, Aoyama Gakuin University, 2011.

Regionalism, Globalisations and International Order: Europe and Southeast Asia, Wunderlich, Jans Uwe, New Regionalisms Series, 2007.

Ross, Cameron, *Perspectives on the Enlargement of the European Union*, Leiden, Boston, Koln, 2002.

参考文献

The Shanghai Cooperation Organization and Central Asia's Security, Routledge, 2008.

Stavrianos, L. S. , *Balkan Federation*, New York, 1942.

Sustaining the Transition: The Social Safety Net in Post — communist Europe: Ethan B. Kapstein, Michael Mandelbaum (Eds), A Council on Foreign Relations Book, 1997.

Taniguchi, Makoto, *East Asian Community*, Iwanami Publisher, 2004.

The Uniting of Europe: From Consolidation to Enlargement, 2nd ed. Stanley Henig, Routledge, London and New York, 1997, 2002.

Welsh, Michael, *Europe United? The European Union and the Retreat from Federalism*, St. Martin Press, 1996.

Zielonka, Jan, *Europe as Empire, The Nature of the Enlarged European Union*, Oxford University Press, 2007.

外一篇

危险的"固有领土"论[*]
——从欧洲的国际政治实践看东亚岛屿之争
羽场久美子

日本要向何处去?

2012年8月下旬,我以日本东亚共同体评议会副议长的身份,赴北京参加了在外交学院召开的东亚思想库网络(NEAT)会议。东盟及日中韩的代表聚集一堂,坦率地进行了讨论。

会议由外交学院院长和副院长主持,中国的外交部副部长出席了会议并作了主旨演讲。在会议的讨论阶段,有人提到了中国在南海强化军事存在的问题,使会场气氛一时显得有些紧张。但在其后的问答(互动)中,与会者就进一步强化思想库的建设、重视对年轻人

---

[*] 原载于日本岩波书店杂志《世界》2013年2月号

《《《(外一篇)危险的"固有领土"论

的教育及培养,加强各国军方之间的交流与合作,以及实现在政府间和市民层次的交流热线等课题进行了探讨。在东亚国家之间因领土问题而产生对立以及相互关系紧张的状况下,会议中展现的这种通过以建立信赖关系而化解对立的姿态,使人感觉这是一次"向前看"的会议。另外,会议同时确认,不仅是东盟与日中韩(10+3)之间,同时也要与包括美国在内的世界各国进行合作。会议的气氛是和谐、友好的。

会议之后,笔者又去了一趟哈佛大学。时任日本首相的野田佳彦关于"尖阁国有化,将用20亿日元购岛"的话,我是在美国听到的。当时我甚至怀疑我是不是听错了。回到日本之后,我进一步感到日本国内的民族主义情绪异常高涨,中国国内的状况也和8月份我访问时完全不一样了。对于出现在市民层次的抗议游行和暴力行为,我深感担心和不安。而一个月之前,晚夏时的北京,气氛是那么的温和。当时,我无论是走在街上,还是乘坐公共汽车,人们都是亲切地和我打招呼,对我表示欢迎。可此时,映入眼帘的(日本)电视台对事件的报道,在我看来却像是有某种预谋。

1. 何谓"固有领土"

我从事研究的专业,最早是从欧洲的民族主义、少数派（少数民族及种族）及边界开始的，现在则对欧盟（EU）扩大化的课题进行研究。

也就在这个时候，围绕着尖阁、竹岛（即中国的钓鱼岛和韩国的独岛——译者注）的对立变得尖锐起来。以我从事研究的专业角度来看，双方已处于（随时）可能开战的紧张状态。在各方唇枪舌剑、你来我往的过程中，最让人感到不安的，就是日本的所谓"固有领土"论的提法。

以下四点值得注意：

① 与邻国的领土纠纷及自我孤立；

② 以"国有化"的手段强占有争议的领土；

③（固执于）"固有领土"论和历史领土论；

④ 只与一国缔结军事同盟。

上述问题，从国际关系史的角度看，（以其敏感程度来说）纵使由此引发双方的武装冲突也不会让人感到意外。制造这些对立，不禁使人要问，日本的政治，究竟要向何处去？或者说，东亚的安全问题，将会面临着怎样的局面？

对上述四个充满危险的问题，我们先抛开固有名词，不以特定国家为对象，只是单纯地从历史和国际政治的观点来分析一下。

上述四个问题中，最重要的就是问题③的所谓"固

（外一篇）危险的"固有领土"论

有领土"论以及由此引发的问题①，即与邻国的领土纠纷及自我孤立。

围绕所谓"固有领土"论的主张而产生的对立，在欧洲同样存在。但是，按照欧洲对历史的一般性解释，所谓"固有领土"论，通常是在定义当代民族与远古及古代史中土著居民之间的传承关系时使用的概念，也就是指哪个民族是最先居住于此的，或者远古民族的后裔是当代的哪个民族。

而将在19世纪或20世纪以国家名义占领、扩张的领土，称之为"固有领土"，是完全站不住脚的。19世纪时的欧洲，正处在率先成功地实现了现代化的大国对土著或者小国、对无人居住的山川河谷或者岛屿进行大肆占领与扩张的过程。因此如果将在此过程中攫取的土地称之为"固有领土"的话，就是在挑起对立与纷争。

所以，"固有领土"是一个需要非常慎重地使用的词汇。

那么，美国又是怎样的一种情况呢？

在美国一旦提起"固有领土"，那是属于土著居民的权利。所以，美国通常不会使用"固有领土"的提法。曾经是土著居民拥有的土地，对17世纪才开始向这里殖民的美国白人而言，其不仅和"固有"的说法毫不相干，而且一旦使用这种说法，不仅白人自身殖民的"合法性"站不住脚，而且美国作为"移民国家"的根基都将产生动摇。

2. 历史上围绕领土的对立

众多的，不，应该说是几乎所有的国家，都是生存在与邻国的领土对立之中。差不多所有的国家，还没有不存在潜在的领土（争端）问题的。从阿尔萨斯—洛林、格但斯克（但泽自由市）、福克兰群岛（马尔维纳斯群岛）直至中国的新疆，都存在着历史性的边界纠纷。但是，某方一旦开始强调领土纠纷，那这个问题就很容易成为与邻国间爆发战争的起因。

就像前面讲过的那样，如果在南北美洲大陆一旦开始谈论"固有领土"论的话，那么，所有的白人都必须离开这里。澳大利亚亦是如此。这些所谓移民国家，正是践踏了"固有领土"论，才能够占据原本是土著居民拥有的土地而赖着不走。所以，近代以来的"固有领土"论，在国际关系史上是个禁忌的话题。

3. 冻结现有边界　预防纠纷

那么，该怎么办呢？

欧洲围绕着领土与资源的纠纷，已经持续了2000

《《《（外一篇）危险的"固有领土"论

年以上。第二次世界大战的战火，曾经在欧洲造成了约2000万人的死亡与失踪。战后，经过各种各样的努力，欧洲各国于1975年达成赫尔辛基协议，采取了"冻结边界"的行动。人们希望依据这个协议，达到预防战争的愿望。希望通过"维持现状"，来保持和平。一般来讲，一旦因领土问题产生分歧，那么当事各方都会找出无数的理由使和解难以达成。而在当时，德国依然处于东西分裂的状态。尽管如此，当时的西德总理勃兰特依然接受了这个协议。几乎所有的欧洲人都意识到，只有（维持）德国的分裂，才能造就欧洲的和平。在这个背景下，德国虽然忍辱负重，但还是以正面的态度接受了赫尔辛基协议。

1989年，以匈牙利对逃往西德的东德居民开放国境为契机，（最终）柏林墙倒塌了。东、西德国在"同一个德国、同一个马克、同一个欧洲"的口号下，实现了统一。而"冻结边界"的概念，在现实中却又触动了一部分人的灵感，其结果带来了什么呢？在南斯拉夫，引发了以各民族的独立运动为代表的、长达十年之久的种族间的对立；而在苏联，各加盟共和国纷纷宣布独立，最终导致苏联解体。北约的空袭终结了前南联盟的长期战乱，才使得欧盟能够再次宣布"要将巴尔干吸纳到欧盟中来"，当时的欧盟理事会主

全球化时代的亚洲区域联合 »» >

席普罗迪也才能够宣称"在巴尔干实现和平之前,就不会有欧洲的和平"。

现代国际政治安定的格局,不是立足于"固有领土"论之上,而是基于"冻结现状"的基础之上的。不然的话,因为所有地区都隐藏着潜在的对立因素,将会诱发各地无休止的争端。

日本的航天员毛利卫于 2012 年的夏天出席在印度尼西亚的茂物举行的绿色经济国际会议之际,用 powerpoint 放映从太空中拍摄的地球幻灯片时讲到,"从太空中遥望美丽的地球时,无论是海洋,还是陆地,都没有边界线。边界线都是人为地划出来的"。

有史以来,所谓的边界,作为"领地"的标志,在无休止地反复变动。这是因为一旦力量强大了,强者就要吞并弱者并扩充自己的地盘。而当某地发现了资源,同样会出现兼并。人们就是随着边界线的变动而迁徙的。历史上曾有过这样的民族大移动,像十字军、拥有《哈梅林的吹笛手》童话的德国的东方移民、沙皇俄国、德意志及哈布斯堡王朝对波兰的瓜分、奥斯曼土耳其帝国的扩张、苏维埃联邦的扩张、中国的扩张等等。

在欧洲,人们甚至无法作出哪个民族是这里的土著居民的结论。这是因为无论哪个民族都极有可能不是这

《《《 （外一篇）危险的"固有领土"论

块土地上的"固有居民"（Native）。

4. "孤立"于邻国而招致的问题

在全球化的趋势下，在倡导与邻国加强合作的今天，日本却与邻国，尤其是与其紧邻的三国进行领土抗争，变得日益"孤立"。欧洲在以不安的眼光注视着这里的动向。在巴尔干，在美国，甚至在法国与英国，如果有谁开启"固有领土"的争论，那么，目前处于支配地位的民族，将被从很多地区赶出去。在国际关系史上，所谓的"固有领土"论，是个不能谈论的话题。

把这些有争论的地区，因某一方单方面地宣布将其"国有化"，进而由政府出钱购买，将会引发什么样的后果？更有甚者，一方面同近邻三国同时掀起领土纠纷，而另一方面，又强调与当事国以外的另外的一个国家的军事同盟，这会引起什么后果？这就涉及本文前面列举的值得注意的4点问题中的第2点和第4点。如果不以日本（目前的挑衅）为特定对象，仅抽象地从领土纠纷的角度来分析，假如按照欧洲的国际政治观点和历史教训，那么，可以得出目前已处于极端危险的战争前夜的状况的结论。再假设日本还像以前一样因此而退出联合国，那就是1930年代后期的状况了。日本究竟是从什

全球化时代的**亚洲区域联合**

么时候开始将国家命运建立在这种危险的国际关系之上的？

巴尔干地区的领土纠纷，法西斯德国的领土扩张，大国间力量均衡的崩溃，成为了点燃第一次和第二次世界大战的导火索。

奥匈帝国的东方领土要求，萨拉热窝的枪声，催化了当时欧洲军事同盟的分化与离合。第一次世界大战导致了哈布斯堡王朝、德意志帝国、沙皇俄国、奥斯曼土耳其帝国的先后崩溃。战后，欧洲各国的边界被大幅改变。

第二次世界大战之际，德国和意大利对被变更的边界不满，提出了恢复领土（Irredentism）的要求。而这种恢复领土的要求，成为引发各地领土纠纷的火种。慕尼黑协定与其说是绥靖政策，不如说是引发第二次世界大战的导火索。德国在吞并东欧后，缔结了苏德不可侵犯条约，但随后却爆发了苏德战争。

在此一个重要的"教训"就是，为平息纠纷而变更边界，并不能使问题得到最后的解决。像这种以数百年前的"科索沃之战"为理由，要求改变边界而引发的围绕科索沃的战火，像德国和意大利不满意第一次世界大战的结果，要求变更边界，以致引发由"20年的危机"到第二次世界大战，莫不如此。变更国境线的要求，为

《《《（外一篇）危险的"固有领土"论

相互持续了几百年的怨恨撒下了战争的火种，使相互间的对立变得不可收拾。

领土纠纷，在欧洲，在美国都是个敏感的话题。为了不在这个问题上引发事端，欧、美都十分小心。与邻国进行领土抗争，并想得到第三方在此问题上为自己撑腰，而与他国缔结军事同盟，一旦力量均衡被打破的时候，会带来极其危险的连锁反应。而这种连锁反应，则蕴藏着能够将全世界卷入一场大战、能够导致延续了数百年的哈布斯堡王朝走向崩溃的巨大能量。而且具有将第一次世界大战遗留下来的怨恨，经过短暂的、"充满危机的20年"的和平，再次将人类卷入第二次世界大战的危险能量。发生在一瞬间的事件，某一个人被暗杀，就能将人类卷入政府和市民都无力控制的狂热的对立中去。

日本现在和邻国之间的纠纷，放到世界史和国际关系史中去看的话，日本已经开始触犯了难以想象的禁忌。进入战争前夜的条件正在一点点地形成。

5. 解决办法是什么？——"冻结边界"

那么，解决的办法在哪里呢？如果是目前的话，双方以冷静的"政治意向"和判断，（应该还）可以找出解决的办法。这个问题，拖得时间越长，解决起来就会越困难。为此,(东亚国家)应该仿效1975年欧洲安全理事会(CSCE)各成员国签署赫尔辛基协议那样,采取"冻结边界"和"维持现状"的做法。相关当事国坐在一起,在领土纠纷的问题上达成"搁置争议",也就是"维持现状"的共识。

领土问题靠"协商"是决定不了的。这是因为(领土问题)是零和游戏(只有哪一方吃亏,没有双赢)。要么占有,要么丢失。

难道说美国或者澳大利亚有可能通过对话与土著居民解决土地的所有权问题吗?既然靠对话不能解决领土纠纷,那么,从长远的视点来看,首先应该"维持现状",也就是先把领土问题放在一边而加以冻结。在此基础上,假以时日,探索双方可以接受的解决方向。

如果作为学术问题加以讨论的话,涉及的只是以下问题。即谁是这块土地的先民(土著居民)?有史以来哪个民族居住在这里,过着怎样的生活?而现在,又是谁生活在这块土地上?

渔场可以共同拥有,资源可以共同开发。

在目前发生对立的情况下,采取相反的行动,即各让一步的话,纠纷就会平静,进而恢复和平,这并不是什么困难的事情。与国家间的对立相比,如果从居住在

＜＜《（外一篇）危险的"固有领土"论

有争议地区的居民的立场来思考的话，会是什么结果？我想，当事者之间也许就会找出下面的解决办法。比如，搁置"固有领土"论，容忍渔场的共同利用，承认对方的生存空间，共同开发资源。不与邻国树立对立关系，不自我孤立。在基本不改变现状的条件下，保持和平与友好，发展经济。

6. 是要塞，还是相逢的场所

冷战终结后，当各地开始爆发民族纷争的时候，亨廷顿将这些民族间的对立，称之为"文明的冲突"（Clash of Civilization）。并将相互对立的宗教、民族间的界线，称之为"要塞"（Fortless）。据此，亨廷顿认为，基督教文明圈、伊斯兰教文明圈、佛教文明圈、印度教文明圈之间存在的这些所谓文明的界线，相互之间有着不可逾越的障碍。围绕着这些"要塞"，相互之间的对立不断高涨，难以共存。于是，亨廷顿的理论，就成为了9·11之后攻打阿富汗和伊拉克的正统性的根据。

但是，恰好与此同时，我却听到了文化人类学者关于欧洲边界线的饶有兴味的见解。他们将边界线称为"相逢的场所"。在那里，不同的宗教、不同的语言、不同的生活习惯的人们不断相遇、接触，通过异族通婚，懂得了共生（co－existance）的道理。东方正教与加尔文派、伊斯兰教与东方正教信徒通婚。结婚仪式按双方的习惯举行，孩子们按双方的习俗进行祝福。葬礼也按双方的规矩举行，共用一个墓地。在这些民族混居区的村庄，数个世纪以来，通过上述事例，以"相逢的场所"来诠释边界线的意义。这类话题，感人至深。

在相互间围绕着远离日本和中国本土的尖阁（即我钓鱼岛——译者注）开展争夺之前，如果将其作为冲绳、台湾及周围其他岛屿一样的共同渔场之一，并通过将这些岛屿作为连结双方的群岛（纽带）而加以反思，其中的意义是值得我们思考的。

7. 能源·粮食自给率和纷争

聪明的人向历史学习。

对立不断扩大，某一方对自己认为危险的国家实行经济封锁的话，那么事态又会变得怎样呢？

今天的日本，是立足于和平与安定（的国际关系）基础之上的。正因为如此，如果日本成为纠纷缠身的不安定的国度，那么，以目前的食品、能源自给率水平，日本无论如何是难以为继的。粮食储备不多，除去大米，食品自给率只有38％。包括核电在内的能源自给

（外一篇）危险的"固有领土"论

率是 18％，不含核电的话，自给率之低令人吃惊。这样的国家，（一旦面临经济封锁）不出数月，危机就会到来。

尤其是福岛核电站事故之后，能源问题成为热门话题。日本的能源自给率之低，令人愕然。

美国和中国的能源自给率分别高达 72％ 和 94％（参见表 1、表 2）。看到这个比例，就可以明白中、美两国是如何地为紧急时刻作了充分的准备，而日本在国际关系上又处于何等脆弱的地步。日本（所处的）是一个与周边国家和世界各国相互依靠和合作才能够得以生存的地方。进入 21 世纪以来，日本不仅经济低迷，2011 年 3 月 11 日更遭受了前所未有的地震、海啸灾害。对灾区迫在眉睫的恢复重建和善后工作，需要花费大量的精力和财力。尽管如此，日本却与邻国之间不是采取合作的态度，而是挑起争端，热衷于抗争。

东盟（ASEAN）＋日韩中，东亚的这 13 个国家如果能开展正常的经济活动的话，我们则具有了和美、欧平起平坐的经济实力。面对这种情况，针对亚洲经济的发展，美、欧一边思考如何与之进行抗衡，同时美欧间也开始了缔结自由贸易协定的准备。

在这种形势下，日本到底是为了追求什么样的好处，而主张"固有领土"论，不惜与邻国对立？这种行为,就是不接受历史教训,将重蹈 19 世纪、20 世纪的战争与孤立的覆辙。

常言道,愚蠢的人向经验学习,聪明的人向历史学习。

向历史学习,以与所有国家搞好关系为前提,搁置领土争议,确立善邻友好关系。而"固有领土"的争论,应该交给学者们去进行探讨。

这难道不是作为国家乃至国民应该采取的、比什么都重要的、而且能够得到双方支持的方策吗?

表 1　世界主要国家的能源构成

煤、石油、天然气、核能、水电及其他

General Energy of Major countries by Power Source（%,2008）(Source IEA)

Country	Coal	Oil	Naturalgas	Nuclear power	Hydro power	Other	Energy self-sufficiency rate (/incl. nuc. p)
Japan	26.8	13.0	26.3	24.0	7.1	2.8	4/18
The US	49.1	1.3	21.0	19.3	5.9	3.4	72/75
China	78.9	0.7	1.2	2.0	16.7	0.4	94/94
India	68.6	4.1	9.9	1.8	13.8	1.9	
Russia	18.9	1.6	47.6	15.7	15.9	0.3	
Germany	46.1	1.5	13.9	23.5	3.3	11.8	32/40
France	4.8	1.0	3.8	77.1	11.2	2.1	15/51
Brazil	2.7	3.8	6.3	3.0	79.8	4.5	
World total	40.9	5.5	21.3	13.5	15.9	2.8	

《《《（外一篇）危险的"固有领土"论

8. The Energy Self-sufficiency of Major countries

表2 世界主要国家的能源自给率

	Japan	The US	France	Germany	Italy	The UK	Sweden	Korea	China
Self sufficiency	4	72	15	32	15	79	50	3	94
Include nuclear power	18	75	51	40	15	80	67	20	94